_____ 님께 드립니다.

사람들이 던진 150가지 실제 질문

도대체 하느님은 누구신가요?

Bayard Editions Jeunesse 글
임정원 옮김

Et qui donc est Dieu?
De Collectif Copyright ⓒ Bayard Editions Jeunesse, 2006 All rights reserved
Korean Translation Copyright ⓒ 2009 BC School Publishing Co.
Korean edition is published by arrangement with Bayard Editions Jeunesse
through Corea Literary Agency, Seoul

사람들이 던진 150가지의 실제 질문
도대체 하느님은 누구신가요?

교회인가 2009년 6월 29일
Bayard Editions Jeunesse 글 | 임정원 옮김
초판 1쇄 2009년 12월 21일 | 펴낸곳 비씨스쿨 | 펴낸이 손상열 | 디자인 송인숙
등록번호 제 303-2004-36호 | 등록일자 1992년 2월 18일
주소 서울시 구로구 구로5동 107-8 미주오피스텔 2동 808호 | 전화 02)323-7243
팩스 02)323-7244 | e-mail foxshe@hanmail.net | ISBN 978-89-91714-24-3 13230

이 책의 한국어판 저작권은 Corea 에이전시를 통한 Bayard Editions Jeunesse와의 독점계약으로 도서출판 비씨스쿨에 있습니다. 신저작권법에 의해 한국 내에서 보호를 받는 저작물이므로 무단 전재와 복제를 금합니다.

사람들이 던진 150가지 실제 질문

도대체 하느님은 누구신가요?

Bayard Editions Jeunesse 글
임정원 옮김

비씨스쿨

책을 읽기 전에

이 책은 바로 우리들을 위해 쓰여진 책입니다.

이 책은 질문과 대답으로 이루어진 이상한 책이에요. 하지만 아이들이 질문을 좋아한다는 사실을 생각한다면 놀라울 것도 없죠. 아이들은 말을 하게 되는 순간부터 끊임없이 질문을 해대니까요.

여기 실린 것들은 아이들이 직접 던진 질문들이에요. 그 아이들 이름은 클로에, 줄리앙, 비르지니, 시몽, 아르튀르, 알리스, 마리옹이고, 지금 프랑스에서 살고 있는 여덟 살, 열 살, 열두 살, 그리고 일곱 살짜리 아이들이랍니다. 이 아이들은 대부분 성당에 다니면서 교리를 배우고 있지만 그렇지 않은 아이들도 있어요. 그런데 이 아이들이 〈아스트라피, 태양의 알갱이〉라는 신문을 만들었답니다. 아이들은 이 신문을 지혜롭고 똑똑한 "종이 친구"라고 자랑하곤 했지요.

이 책은 여기에 실렸던 질문들 중에서 155개를 골라 엮은 거예요. 마치 불꽃놀이처럼 사방에서 질문들이 불쑥불쑥, 펑펑 터져 나오지요. 어떤 질문들은 아주 그럴싸하지만 어떤 것들은 터무니없고, 어떤 것들은 한 번쯤 생각해 봤음 직하고 어떤 것들은 정말 기발하지요. 맑은 물처럼 단순하고 투명한 질문들이 있는가 하면 듣는 사람을 당황케 하는 질문, 듣는 사람을 감동시키는 진지한 질문들도 있답니다.

그러면 누가 이런 질문에 대답을 해 주었을까요? 바로 아이들과 삶과 신앙에 대한 이야기를 나누는 것이 익숙한 전문가들과 기자들, 사제들, 그리고 평범한 어머니, 아버지들께서 대답을 해 주셨답니다. 이분들은 아이들이 궁금해하는 것을 얼렁뚱땅 지나가지 않고 하나하나 진지하고 참을성 있게, 그리고 이해하기 쉽게 대답을 해 주셨어요. 이분들은 자신들이 알고 있는 것, 살아오면서 깨달은 것, 지금 자신들의 삶을 이끌어 주고 있는 것, 자신들이 정말로 믿고 있는 것들을 정성을 다해 이야기해 주셨습니다.

　그런데, 그러다 보니 그만 책이 너무 두꺼워졌답니다. 그래서 한꺼번에 처음부터 순서대로 다 읽기는 어려울 수 있어요. 일단 한번 쭉 훑어보고, 눈에 띄는 부분을 먼저 읽어도 괜찮아요. 여러분들이 던져본 적이 있는 바로 그 질문을 만나면 그 자리에 머무세요. 전혀 생각지 못했던 질문이 관심을 끈다면 거기에 머무세요. 뒤에서부터 읽어도 좋아요. 어느 순간 반짝이는 작은 보물을 발견하거나, 아주 흥미진진하고 깊이 있는 설명을 얻을 수도 있을 거예요.

　이 책을 머리맡에 잘 간직해 두세요. 새로운 질문이 머릿속에 떠오를 때가 있을 테니까요. 스스로가 좀 더 자랐다고 느껴지거나 삶에 대해 좀 더 알고 싶어질 때, 언제든 이 책을 펴 보세요.

　우리는 결코 질문들을 멈출 수는 없습니다. 바로 그것이 아름다운 장미나무나 작고 귀여운 고양이 같은 다른 생물들과 우리의 다른 점이니까요. 오늘날 세상이 이토록 멋져진 것은, 우리 인간이 동굴 속에 살던 그 옛날부터 달나라에 발을 디디게 된 오늘날까지, 끊임없이 질문을 던지고 그 대답을 찾으려고 애서 왔기 때문일 거예요. 그러니 우리가 질문을 할 수 있는 존재라는 것을 자랑스러워해야겠죠!

　하지만 자신이 던지는 질문들에 대한 답을 모두 아는 사람은 한 사람도 없답니다. 세상엔 우리 눈에 보이지 않는 것들, 우리가 알 수 없는 것들, 어마어마한 것들, 신비스러운 것들이 아주 많으니까요. 그래서 때로는 불안하고 때로는 달콤한, 비밀스러운 의문들이 늘 남아 있기 마련이지요. 그렇다고 해서 그것들이 우리가 살아가고 성숙해지는 것을 가로막는 것은 아니랍니다. 오히려 그 반대지요! 왜냐하면 답은 몰라도 살 수 있지만 질문 없이는 성숙해질 수 없는 법이니까요.

차례

책을 읽기 전에 _ 4
질문을 시작하기 전에 _ 13

첫 번째 이야기 : 맨 처음에…

이 세상에 태어나기 전에 우리는 어디에 있었어요? _ 18
어느 날 하느님께서 모든 것을 시작하셨나요? _ 19
빅뱅이 일어난 건가요? 아니면 하느님께서 7일 만에 세상을 만드신 건가요? _ 20
하느님께서 계시다는 걸 사람들은 어떻게 알게 됐죠? _ 22
우리는 왜 동물의 모습으로 태어나지 않고 인간의 모습으로 태어났어요? _ 23
지구 상의 최초의 인류는 아담과 이브예요? 아니면 원숭이예요? _ 24
외계인이 있나요? _ 26

두 번째 이야기 : 생명은 신비스러워요!

나는 왜 살아요? 나는 왜 나인가요? _ 30
왜 우리는 언젠가 죽을 수밖에 없나요? _ 32
왜 나는 우리 집에 태어났어요? _ 33
하느님께서는 정말로 계신가요? _ 34
왜 나는 자꾸 다른 사람과 싸우게 되지요? _ 35
왜 우리는 태어날 때와 죽을 때를 선택할 수가 없어요? _ 36
'영혼'이 뭐예요? _ 38
왜 남자와 여자는 다르지요? _ 39
왜 장애인들이 있어요? _ 40
고통받는 사람들이 계속 생길 수밖에 없나요? _ 43
왜 이 세상에 똑같은 사람은 없는 거죠? _ 44

세 번째 이야기 : 위대한 계약

최초로 하느님을 믿은 사람은 누구예요? _ 46
왜 하느님께서는 이 세상을 창조하셨어요? _ 48

왜 하느님께서는 유대 민족을 선택하셨나요? _ 50
'복음'이 뭐예요? _ 51
왜 이제 하느님께서는 성경에서처럼 우리들을 직접 부르시지 않지요? _ 52
왜 하느님께서는 모든 사람들에게 직접 말씀해 주시지 않는 거죠? _ 54
하느님께서는 정말로 우리를 도와주시나요? _ 55
모든 사람들이 다 죽어 버리면 우주는 어떻게 되죠? _ 56
왜 마리아님이 구세주의 어머니로 선택받으셨어요? _ 57
왜 우리는 태어날 때부터 원죄를 지녔나요? _ 58
하느님께서는 하느님을 믿지 않는 사람들도 똑같이 사랑하시나요? _ 59

네 번째 이야기 : 나자렛 예수

사람들은 예수님의 일생을 어떻게 알게 되었죠? _ 62
예수님께서는 몇 월 며칠에 태어나셔서 몇 월 며칠에 돌아가셨어요? _ 63
왜 성모님을 처녀라고 해요? 아기를 낳았으면 남편이 있는 거 아니에요? _ 64
정말 별빛이 동방박사들을 예수님께로 인도했나요? _ 65
예수님께는 형제가 없었나요? _ 66
예수님께서는 머리가 길고 수염이 있었어요? _ 67
예수님도 어렸을 때 성당에 다니면서 교리를 배우셨나요? _ 68
예수님의 아버지는 누구예요? 하느님이에요? 요셉이에요? _ 69
예수님께서 여자였을 수도 있나요? _ 70
왜 예수님께서는 세례자 요한에게 세례를 받았어요? _ 71
왜 예수님께서는 우리를 사랑하셨어요? _ 72
왜 예수님께서는 여자 제자들을 두지 않으셨어요? _ 75
왜 예수님께서는 장님과 절름발이들을 고치셨어요? _ 76
예수님께서는 당신께서 하느님의 아들이란 걸 어떻게 알게 되셨죠? _ 77
'영광스러운 변모'라는 게 뭔지 도무지 모르겠어요 _ 78
예수님도 하느님께 기도를 드리는데 어떻게 예수님을 하느님이라고 할 수 있지요? _ 80
왜 같은 이야기가 복음서마다 조금씩 다르게 쓰여 있어요? _ 82

차례

다섯 번째 이야기 : 예수님께서는 돌아가셨어요. 그런데 살아 계세요!

왜 사람들은 예수님을 죽였어요? _ 84
왜 예수님께서는 십자가에서 돌아가셨어요? _ 85
왜 예수님께서 십자가에 돌아가심으로써 우리를 구원하셨다고들 말하지요? _ 86
무덤에서 사라진 예수님의 시체는 어디로 갔어요? _ 88
예수님께서 저승에 가셨다는 말은 무슨 뜻이에요? _ 89
예수님께서는 정말로 부활하셨나요? _ 90
예수님께서 살아 계신다고 하는데 왜 우리는 예수님을 볼 수 없어요? _ 92
왜 열두 제자들은 부활하신 예수님을 못 알아봤어요? _ 93
예수님께서 이 땅에 다시 돌아오실까요? _ 94

여섯 번째 이야기 : 도대체 하느님은 누구신가요?

나는 하느님께 소중한가요? _ 98
왜 하느님은 보이지 않아요? _ 99
하느님은 누가 만들었어요? _ 100
왜 하느님께서는 하느님께서 만들어 놓으신 세상에서 안 사시는 거예요? _ 102
하느님께서는 늘 우리를 보고 계시고 우리가 생각하는 것을 다 알고 계신가요? _ 103
예수 그리스도를 믿는 건가요? 아니면 하느님을 믿는 건가요? _ 104
왜 하느님을 '우리 아버지'라고 부르죠? _ 106
성령이 뭐예요? _ 107
하느님께서는 세 분이세요? _ 108
왜 하느님께서 이 땅에 직접 오지 않으시고 아들을 보내셨어요? _ 109
하느님께서는 과학 발전에 대해 어떤 반응을 보이시나요? _ 110
하느님께서는 행복하신가요? _ 112
악마가 하느님의 원수라는 게 사실이에요? _ 113
하느님께서는 정말로 좋은 분이세요? _ 114
하느님을 사랑하려면 어떻게 해야 해요? _ 115

 8

일곱 번째 이야기 : 믿는다는 것, 그것은 대단한 모험이에요!

하느님을 믿는 게 무슨 소용이 있죠? _ 118
하느님을 믿지 않는 사람들이 왜 있지요? _ 119
왜 모든 사람들이 같은 종교를 갖고 있지 않는 거예요? _ 120
왜 종교 전쟁이 있어요? _ 121
세례를 받지 않고도 하느님을 믿을 수 있나요? _ 122
저는 신자예요. 하지만 천국이 있다고 믿지 않아요. 그래도 되나요? _ 123
성경은 실제로 있었던 역사 이야기예요? _ 124
성경에 나오는 비유들은 진짜 있었던 이야기인가요?
   아니면 예수님께서 만들어 내신 이야기인가요? _ 126
예수님께서는 아직도 기적을 일으키세요? _ 127
성모 마리아님이 정말 나타나세요? _ 128
내가 하느님을 믿는다고 사람들이 놀리면 뭐라고 말하죠? _ 129
왜 다른 사람들을 사랑하는 것이 하느님을 사랑하는 것이라고 해요? _ 130
점성술을 믿어도 돼요? _ 131
왜 신자들 중에서도 전쟁을 일으키는 사람들이 있는 거예요? _ 132

여덟 번째 이야기 : 그리스도인의 선택

예수님께서 돌아가신 지 2,000년이 지난 지금까지 어떻게 계속해서
   그리스도인들이 있을 수 있나요? _ 136
왜 예수님께서는 제자들을 부르셨나요? _ 137
만약 제가 인도에서 태어났다면 그래도 그리스도인이 될 수 있을까요? _ 138
그리스도인이 되려면 왜 세례를 받아야 하는 거죠? _ 139
대부님과 대모님은 무슨 역할을 하시는 거죠? _ 140
'첫 신앙 고백'을 잘하려면 어떻게 해야 하죠? _ 142
왜 '그리스도인이 바로 교회다'라고 하는 거예요? _ 143
미사를 드리는 사람들은 다 심각해 보이는데 왜 미사가 잔치라고 말하는 거예요? _ 144

차례

미사 때 먹는 빵을 왜 그리스도의 몸이라고 해요? _ 145
신부님들은 왜 결혼을 안 하세요? _ 147
우리 엄마, 아빠는 두 분 다 목사님이세요. 그런데 왜 가톨릭에는
 여자 신부님이 안 계신 거예요? _ 148
신부님이 되려면 어떻게 해야 하지요? _ 149
교황님은 왜 필요해요? _ 150
그리스도교 신자와 가톨릭 신자는 뭐가 다른가요? _ 151
왜 크리스마스 날에는 선물을 주고받나요? _ 153
'사순절'이 도대체 뭐예요? _ 154
'부활절'은 또 뭐죠? _ 155
'모든 성인의 날'에는 왜 묘지에 가나요? _ 156
수녀님이 되려면 어떻게 해야 해요? _ 157
수도원에서 수녀님들은 어떤 생활을 하세요? _ 158

아홉 번째 이야기 : 악의 독

세상에는 끔찍하고 괴로운 일들이 많아요. 그런데 왜 하느님께서는 가만히 계시는 거죠? _ 160
왜 완벽하신 하느님께서 우리에게 선한 것과 나쁜 것에 대한 선택권을 주셨지요? _ 161
원죄라는 게 뭔가요? _ 162
왜 돈이 넘치도록 많은 사람이 있는가 하면 굶어 죽는 사람들도 있는 건가요? _ 164
하느님께서는 다른 사람들을 죽인 사람도 용서해 주시나요? _ 165
하느님께서는 우리를 하느님 모습대로 만드셨다고 하는데
 우리는 왜 모두들 조금씩 못된 데가 있는 거죠? _ 166
전쟁과 지진은 하느님께서 우리 인간들에게 화가 나셔서 일어나는 거예요? _ 167
하느님께서 우리를 사랑하시는데 왜 지옥에 가는 사람이 있는 거죠? _ 168
유다는 왜 예수님을 배반했어요? _ 169
내가 나쁜 짓을 해도 하느님께서는 저를 용서해 주실까요? _ 170
왜 우리는 모든 사람을 다 사랑할 수가 없지요? _ 171
화가 막 끓어오르는데 어떻게 멈출 수가 있지요? _ 172
겨울에 얼어 죽는 사람들을 도우려면 어떻게 해야 해요? _ 173

열 번째 이야기 : 죽음, 그 후엔?

나는 죽은 뒤에는 어떻게 되나요? _ 176
우리는 여러 번 다시 살 수도 있나요? _ 177
천국에서는 모든 사람들이 나이가 같은가요? _ 178
우리 할머니는 오래전에 돌아가셨고 할아버지는 얼마 전에 돌아가셨는데,
   하늘나라에서 두 분은 다시 만나셨을까요? _ 179
죽은 사람들하고 이야기를 나눌 수 있나요? _ 180
죽은 뒤에 화장해도 부활할 수 있을까요? _ 181
부활할 것이라는 것을 아는데도 우리는 왜 죽음을 두려워하는 거죠? _ 182
동물들도 하늘나라에 가나요? _ 184

열한 번째 이야기 : 하느님, 우리 이야기를 들어 주세요!

우리가 기도를 드리면 하느님께서는 들으시나요? _ 188
하느님께서 말씀하시는 것을 들으려면 어떻게 해야 하죠? _ 189
왜 "성부와 성자와 성령의 이름으로" 이렇게 말하는 거죠?
   "하느님, 안녕하세요?" 이렇게 말하지 않고 말이에요 _ 190
저는 하느님께 무슨 말로 기도를 드려야 할지 정말로 모르겠어요 _ 191
우리 엄마가 아프셨을 때 낫게 해달라고 열심히 기도드렸는데,
   하느님께서 제 기도를 안 들어주셨어요 _ 192
하느님께서는 너무 바쁘셔서 우리에게 일일이 대답해 주실 수 없는 건가요? _ 194
왜 마리아님께 기도를 드리는 거예요? _ 196
왜 예수님께서 매달려 계신 십자가 상을 여기저기에서 볼 수 있는 거죠? _ 197
'주님의 기도'는 왜 그렇게 어려워요? _ 198

열두 번째 이야기 : 인생에 돛을 달고!

'사랑하라', 그게 무슨 뜻이에요? _ 200
어떻게 하면 사람들을 행복하게 해 줄 수 있죠? _ 202

차례

예수님께서는 정말 우리가 원수까지도 사랑하기를 바라시는 거예요? _ 203
일요일마다 미사에 꼭 가야 해요? _ 205
우리 부모님은 커서 내가 직접 선택하라고 유아 세례를 주지 않으셨어요. 잘하신 건가요? _ 207
'견진성사'가 뭐예요? _ 208
왜 세례받을 때 이마에 물을 붓나요? _ 209
왜 첫 영성체를 하는 거죠? _ 211
왜 교리를 배우는 거죠? _ 212
왜 어떤 사람들은 교회에서 결혼식을 올리나요? _ 213
누군가를 사랑하게 되면 왜 그 사람을 위해서 뭐든지 하고 싶어지는 거예요? _ 215
나중에 이혼할 거라면 도대체 결혼은 왜 하는 거죠? _ 217
아버지는 우리를 버리고 떠나셨어요. 그래도 우리는 계속 서로 사랑할 수 있을까요? _ 218
부모님께 반항하는 것은 심각한 죄인가요? _ 219
고해성사 때 신부님께 무엇을 말해야 하지요? _ 221
왜 어른들은 함부로 행동하면서 우리한테는 그러면 안 된다는 거죠? _ 221
우리는 자기가 태어난 나라를 사랑해야만 하나요? _ 223
가난한 나라를 돕기 위해 뭘 할 수 있을까요? _ 224
어떻게 하면 '성인'이 될 수 있죠? _ 225
우리가 늙은 후에도 서로 사랑할 수 있을까요? _ 226
내 인생은 아름다울까요? _ 227

부록 : 남은 이야기들

책 중의 책, 성경 _ 232
예수 그리스도의 생애 중 위대한 순간들 _ 234
기도를 하고 싶으면 _ 236
축일들 _ 238
위대한 기도들 _ 240
일곱 가지 성사 _ 242

질문을 시작하기 전에

아주아주 옛날,
여러분이 태어나기도 전,
여러분 부모님께서 태어나시기도 전,
여러분의 할아버지, 할머니께서 태어나시기도 전,
인간들이 이 땅에 생기기도 전,
별들이 태어나기도 전,
그보다 훨씬 더 오래오래 전,
아주아주 옛날에
이 세상에 아무것도 없었을 때가 있었지요.
그런데 그때 이미
하느님의 '**입김**' 은 있었답니다.
물 위를 나는 아름다운 새처럼
하느님의 **입김**이
세상의 거대한 침묵 위를 감돌고 있었답니다.
어떻게 아느냐고요?
이것은 제가 꾸며낸 이야기가 아니에요.
학자들이 이야기해 준 것도 아니고요.
학자들은 삶이 어떻게 움직여 가는지를 밝혀내는 데는 뛰어나지만
이 비밀은 모르거든요.
왜 사는가?
왜 죽는가?
왜 나는 나인가?
아무도 이 위대한 신비를 꿰뚫어 볼 수는 없거든요.

저는 이 하느님의 **입김**에 대한 이야기를 세상에서 가장 아름다운 책인 성경의 첫 장에서 발견했답니다. 그 이야기는 맨 처음에 하느님께서 하늘과 땅, 모든 것을 만드셨고 그리고 그것들이 오늘도 내일도 존재하게 하신다는 것을 가르쳐 주었어요. 성경은 하느님의 **입김**이 모든 것을 태어나게 했고, 이 우주가 숨 쉬게 만들었다고 가르쳐 주었어요.

성경에서는 하느님의 존재가 하늘을 나는 커다란 새에 비유돼 있어요. 옛날 사람들은 자주 그런 식으로 표현했어요. 성경은 아주 오래된 책이니까 말로는 설명하기 어려운 것들을 그렇게 이미지로 표현했던 것이지요. 그렇게 결국 성경은 아주 중요한 것을 오늘날의 우리들에게까지 잘 설명해 주고 있답니다.

성경에 쓰여 있는 이야기들을 더 살펴볼까요?

성경을 보면 우리 인간은 흙이나 티끌에 불과했을 수도 있었어요. 하지만 하느님께서 우리에게 **입김**을 불어넣어 생명을 주셨어요. 하느님께서는 우리를 아주 소중하게 여기셔서 우리에게 당신 생명을 불어넣어 주신 거예요. 그리고 3,000년 전에 하느님께서는 아주 보잘것없는 민족이었던 이스라엘 민족을 선택하셔서 큰 계획을 맡기셨어요. 하느님께서는 우리 인간의 숨이 다할 때까지 우리를 버려두지 않으시고 함께 계시겠다고 약속하셨어요. 우리의 삶과 죽음을 약속하셨지요. 하느님께서는 우리에게 뭘 요구하지는 않으세요. 하지만 지금 우리에게서 뭔가를 기다리고 계세요.

그런데 우리가 하느님께 "아니오"라고 대답한다면 불행한 일이지요. 하지만 여러분이나 저나, 우리 모두는 자주 그렇게 하지요. 이스라엘 민족은 하느님께 자주 "아니오"라고 했지요. 하지만 하느님께서는 참을성 있는 분이세요. 하느님께서는 당신 약속을 결코 저버리지 않으시거든요. 오히려 당신 약속을 새롭게 하셨답니다.

어떻게 그렇게 하셨는지 보세요. 2,000년 전에 이스라엘에 한 위대한 사람이 나타났지요. 그 사람은 바로 나자렛의 예수라는 분이에요. 그분은 눈먼 사람들을 다시 보게 하고 억압받는 사람들을 풀어 주었어요. 그분은 아주 보잘것없는 사람들에 이르기까지 모든 사람들에게 관심을 가졌지요. 그래서 그분의 말을 들으려고 많은 사람이 모여들었고 높은 사람들은 그를 시기하고 미워했어요.

이 예수라는 분은 도대체 누구일까요? 서른 살 무렵, 예수님께서 요르단 강에서 물로 세례를 받으셨는데 그때 하늘이 열리면서 "너는 내 사랑하는 아들, 내 마음에 드는 아들이다." 하는 하느님의 목소리가 들려왔어요. 그때 하느님의 성령께서 비둘기 모양으로 그분 위에 내리셨어요. 세상이 창조되던 그 순간처럼 말이에요. 그래서 세상은 새로운 시작을 겪게 되지요.

그런데 몇 년 후에 예수님께서는 십자가에 못 박혀서 돌아가셨답니다. 모든 것이 끝난 것처럼 보였지요. 하지만 엄청난 사건이 일어났어요. 예수님을 잃고 슬픔에 잠겨 있던 제자들은 눈물이 채 마르기도 전에 놀라운 일을 발견하고 이렇게 외쳤답니다. "예수님께서는 살아 계세요! 정말이에요. 예수님께서는 죽음에서 벗어나셨어요. 승리하셨어요!"

이렇게 해서 처음으로 죽음이 생명의 **입김**에 굴복하게 됐어요. 그리고 정말로 새로운 시대가 시작됐지요.

예수님의 제자들은 기억이 났어요. 전에 예수님께서 그들에게 "나는 하느님으로부터 왔다"라고 말씀하셨거든요. 그리고 예수님께서는 하느님을 자주 "나의 아버지"라고 부르셨거든요. 그들은 차츰 이해가 되기 시작했어요. 예수님의 얼굴이 바로 신비스러운 하느님의 모습이라는 것이요. 예수님을 통해 하느님께서는 우리에게 당신과 우리가 맺은 계약, 그 약속을 다시 말씀해 주신 거예요. 그래서 그들은 예수님을 믿었어요.

그들이 발견한 것을 온 땅에 알리라고 예수님께서는 그들을 보내셨어요. 예수님은 그들에게 힘을 주기 위해 그들 위에 **입김**을 불어넣어 주셨지요. 그리고 예수님께서는 아버지 하느님께로 다시 돌아가셨어요. 그들은 힘차게 떠났고 놀라운 모험은 그때부터 계속됐지요. 그리고 그것은 아마 여러분의 모험, 공동체의 모험, 그리스도인들의 모험일 거예요. 예수님의 아버지이신 하느님께서는 우리 모두의 아버지이시니까, 우리 모두는 한 가족이 되는 것이지요.

하지만 한형제처럼 산다는 것은 쉬운 일이 아니에요. 걱정과 근심, 질투와 시기, 전쟁과 불화가 우리를 걸려 넘어지게 하거든요. 게다가 우리는 죽음을 두려워해요. 죽음은 마치 우리 신발에 든 돌덩어리처럼 우리 발길을 무겁게 해요. 하지만 이런 것들 가운데서도 하나의 작은 희망이 있지요. "우리를 우리 어머니의 뱃속에 자리 잡게 해서 생명을 주신 분이 바로 하느님이신데 하느님이 어떻게 우리를 파괴하실 수 있단 말인가? 죽은 후에도 모든 것이 끝나지는 않을 것이다." 하는 믿음이 있으니까요.

하느님을 믿는 것은 우리 몫이에요. 물론 직접 하느님 말씀을 들을 수 있다면 더 확실하겠지요. 아니면 하느님께서 우리 말을 듣고 계시다는 증거를 가지고 있다면 더 분명하겠지요. 그래서 저는 가끔 소리 질러요.

"대답해 주세요, 하느님. 우린 당신이 필요해요!"

하지만 돌아오는 것은 침묵뿐이에요. 기적은 없어요. 하느님께서는 다른 방식으로 대답해 주시는 것이 아닐까요? 왜냐하면 하느님께서는 떠들썩하게 소란 떠는 것을 안 좋아하신다고 하셨거든요. 하느님께서는 정말 계세요. 그게 전부예요. 우리가 숨을 쉬는 것처럼 하느님께서는 우리 곁에 계세요. 우리는 계속 숨을 쉬고 있지만 그 사실을 잊어버리잖아요. 숨을 쉬지 않는다면 살 수 없는데도 말이에요. 아마 하느님께서 우리 말을 아무리 정성껏 들으신다 해도, 우리는 혼자서는 그걸 알아차리기 힘들 거예요. 그래서 다른 사람들의 믿음이 필요한 법이에요.

예수님의 공동체는 우리의 버팀목과 지지대가 되지요. 공동체를 통해 우리는 하느님을 발견하게 되니까요. 그리고 흥미를 가진다면 우리가 매일 하느님의 흔적을 찾을 수 있도록 공동체가 가르쳐 줄 거예요. 때때로 우리는 그 흔적을 잃어버릴지도 몰라요. 하지만 좋은 말 속에서나, 따뜻한 행동 속에서 또는 큰 사건 속에서 우리는 그 흔적을 다시 찾을 수 있을 거예요. 하느님께서는 정말로 계시니까요. 우리는 구원됐으니까요. 누군가 우리를 사랑해 주고 있어요. 우리가 부자든 가난하든, 건강하든 아프든, 혼자든 사람들에 둘러싸여 있든, 누군가 우리를 사랑해 주고, 우리에게 미래를 열어 주고, 우리가 서로 사랑하게 해 준답니다. 그러니 삶은 살 만한 가치가 있고, 우리는 150개든 천 개든 만 개든 수많은 질문들을 던지면서 살 수 있어요.

위대한 **입김**이 우리를 가볍게 만들어 주고
우리에게 날개를 달아 주어
우리가 앞으로 나아갈 수 있게 해 주거든요.

① 맨 처음에…

이 세상에 태어나기 전에 우리는 어디에 있었어요?

　이 세상에 태어나기 전에 우리는 아무 데도 없었어요. 왜냐하면 우리가 아직 안 태어났으니까요! 우리는 우리가 살아 있다는 사실에 아주 익숙하기 때문에 우리가 살고 있지 않았던 때를 생각하는 것이 어렵답니다. 우리는 우리 할아버지, 할머니가 아이였던 시절은 상상하기가 어려워요. 이런 이야기를 하면 할아버지, 할머니께서는 막 웃으실 거예요.

　아무도 우리를 몰랐고, 우리가 미래에 존재하게 되리라고 짐작하지 못했을 거예요. 이 세상에 태어나기 전에, 그러니까 우리가 이 세상에 존재하기 전에 우리는 아무것도 아니었으니까요. 하지만 다른 존재들이 우리가 '오는 것'을 준비했지요. 우선, 우리 부모님이 우리가 태어나도록 준비했지요. 우리 부모님들이 서로 만난 것은 엄청난 인연이에요! 그 만남으로 우리는 생명을 갖게 되었지요. 우리 부모님, 그리고 할아버지와 할머니, 증조할아버지와 증조할머니……. 우리보다 먼저 태어나신 모든 분들 덕분에 우리는 인류의 한 구성원이 된 거예요.

　우리가 아직 세상에 존재하기 전에 어떤 다른 존재, 즉 하느님께서 우리를 선택하셨고 우리의 존재를 미리 기뻐하셨어요. 그리고 우리는 비로소 부모님으로부터 생명을 얻어 태어났어요. 이렇게 우리 생명은 신비스럽고 위대한 것이랍니다.

어느 날 하느님께서 모든 것을 시작하셨나요?

"한처음에 하느님께서 하늘과 땅을 창조하셨다." 성경의 제일 첫 장인 『창세기』 맨 처음에는 이렇게 쓰여 있답니다. 그런데 이 '처음'이라는 단어에서 이런 의문이 떠올라요. '세상을 창조하기 전에 하느님께서는 무엇을 하셨을까? 그때도 하느님께서는 계셨을까? 그랬다면 어떤 식으로 계셨을까?' 그런데 하느님의 삶은 우리 인간들의 삶과는 전혀 달라요. 하느님의 삶은 시작도 끝도 없어요. 영원해요. 그래서 우리가 상상하기 어려운 거지요.

성경에서 하느님께서 영원하시다고 할 때 하느님께서는 "이제와 항상 영원히" 계신다고 말해요. 또 성경에서는 "세세대대로 영원히"라는 표현도 자주 써요. 하느님께서는 우리 인간의 시간 속에 살고 계시지 않다는 것을 이해시켜 주기 위해서지요.

하느님께서는 "모든 처음의 *저 너머에*" 계시는 동시에 "모든 처음의 *속에*" 계신답니다. 땅도 하늘도 인간도, 그 어떤 것도 하느님 없이는 존재할 수가 없답니다. 하느님께서는 창조주이시며 아무도 하느님을 창조하지 않으셨으니까요.

빅뱅이 일어난 건가요, 아니면 하느님께서 7일 만에 세상을 만드신 건가요?

오늘날 대부분의 우주학자들은 150만 년 전에 빅뱅이라는 거대한 폭발로 우주가 생겨났다고 생각하고 있어요.

1965년에 과학자 아노 펜지어스와 로버트 윌슨은 우주에서 빛이 뿜어져 나오는 것을 발견했어요. 그들은 어마어마한 폭발이 일어나 엄청난 소리와 빛이 우주를 가득 채우면서 행성들이 생겨났다는 사실, 즉 바로 그 유명한 '빅뱅'을 증명해 냈어요. 그렇다면 7일 만에 세상이 창조되었다는 성경의 내용을 믿을 수 있을까요?

어쩌면 과학적 결론과 성경의 이야기는 결국 같은 것일지도 모릅니다. 『창세기』에는 세상 창조에 대한 이야기가 나와요. 『창세기』는 서로 다른 시기에 쓰여졌는데 예수님께서 태어나시기 전 6세기와 10세기에 쓰여졌어요. 『창세기』에는 하느님께서 말씀에 의해서 이 세상에 존재하는 모든 것—빛, 어둠, 하늘, 땅, 별, 강물과 바닷물, 물고기, 새, 짐승 그리고 인간—을 창조하셨다고 쓰여 있어요.

그러니까 『창세기』는 우주의 형성에 대한 과학적인 연구가 아니라 우주와 모든 생명의 창조주이신 하느님, 선하시고 유일하신 하느님의 영광을 찬미하는 위대한 시라고 할 수 있어요. '7'이란 숫자는 하느님의 모든 작품의 완성을 상징하는 것이고요.

성경의 이야기는 지구가 '왜' 존재하는가를 설명하는 것이고 과학적인 연구는 우리의 초록별이 '어떻게' 태어났느냐를 설명하는 거예요. 그러니까 세상의 창조에 대한 이 두 가지 사고방식은 서로 대립되는 게 아니라 서로 보충해 주는 것이지요. 성경은 우리에게 하느님에 대한 것을, 그리고 하느님과 인간의 관계에 대한 뭔가를 알려 주고, 과학은 세상에 대한 것을, 그리고 세상과 인간에 대한 뭔가를 알려 주는 거예요.

수많은 과학자들이 우주가 어떻게 생겨나고 어떻게 움직이는지를 연구해요. 그중에서 어떤 과학자들은 지구가 스스로 생겨난 게 아니고 생명체와 인간들도 우연히 지구에 존재하게 된 게 아니라고 생각해요. 그들은 이 우주가 빅뱅에 의해서 시작됐을 수 있지만 우주의 창조주는 하느님이시라고 믿는 사람들이에요.

하느님께서 계시다는 걸 사람들은 어떻게 알게 됐죠?

우리가 오늘날 알고 있는 것들, 학교에서 배우는 것들은 모두 언젠가 누군가 발견했던 것들이잖아요. 역사를 연구하는 학자들이 인간이 언제 어떻게 불을 발견했고 금속이랑 대륙이랑 별들을 발견해 냈는지 우리에게 설명해 주잖아요. 그럼 하느님도 그런가요? 콜럼버스가 아메리카 대륙을 발견했던 것처럼 어떤 사람이 어느 날 하느님을 발견한 건가요?

아니에요. 하느님께서는 옛날에 어느 날 발견돼서 모든 사람들이 알게 된 분이 아니에요. 인간이 생각을 할 수 있게 되었을 때부터 인간은 자신의 삶에 대해 질문을 던지기 시작했어요. '나는 왜 태어났을까?', '죽은 후에 난 어떻게 될까?'

그리고 차츰 인간보다 더 위대하고 인간 눈에는 보이지 않는 존재가 있는 것이 분명하다는 것을 알게 됐어요. 그래서 인간은 그 존재를 '하느님'이라고 불렀어요.

우리 그리스도인들은 하느님께서 몸소 우리 인간들에게 당신 자신을 알리시려고 했고 당신이 몸소 우리 인간들에게 오셨다는 걸 알아요. 아브라함이나 모세나 예언자들에게는 아주 특별하고 확실한 방식으로 당신 자신을 드러내 보이시고 알리셨지요. 그리고 특히 예수님을 통해서 하느님을 찾는 사람들에게 하느님 당신 스스로를 알리셨어요. 하느님의 존재는 우리 각자가 발견해 내는 거예요. 우리 각자가 탐험가가 될 수 있는 것이지요.

우리는 왜 동물의 모습으로 태어나지 않고 인간의 모습으로 태어났어요?

세상에는 너무 단순하고 분명해서 어디에도 적혀 있지 않은 법칙이 있어요. 예를 들어, 여러분은 엄마와 아빠, 즉 남자와 여자가 결합해서 '인간 아이'의 모습으로 태어났다는 사실 같은 거예요. 만약 여러분이 '아빠 코끼리와 엄마 코끼리의 결합'으로 태어났다면 여러분은 '아기 코끼리'의 모습이었을 거예요. 인간으로부터 태어났으니까 인간인 것이고, 인간이니까 왜 인간으로 태어났을까 하는 궁금증이 있는 거예요.

만약 여러분이 물고기나 나비나 사자로 태어났다면, 인간 아이처럼 생각하지도 않고 인간 아이처럼 살지도 않을 거예요. 그건 여러분이 아닐 테니까요. 지능을 가지고 새들의 노래를 이해하고 개들의 친구가 될 수도 있지만 여러분은 어쨌든 인간인 거예요.

여러분의 몸이 낙타 털이나 물고기 비늘로 뒤덮여 있다면 여러분은 누구일까요? 낙타나 물고기겠지요. 여러분의 모습은 단지 '포장'에 불과한 것이 아니에요. 인간이 아닌 다른 모습으로 태어났다면 여러분은 다른 삶을 살 거예요. 여러분의 모습, 여러분의 몸이 바로 여러분이거든요.

여러분의 질문은 탄생의 신비와 관계가 있답니다. 생명은 왜 생겨나는지 모르지만 생겨난답니다. 생명은 신의 선물이랍니다. 생명은 왜 생겨났느냐고 물을 수도 없고 자기 마음대로 바꿀 수도 없고 두 번 반복될 수도 없어요. 여러분은 유일한 인간 존재, 세상에 단 하나밖에 없는 사람으로, 단 한 번뿐인 유일한 삶을 살기 위해 여러분 자신의 모습, 작은 인간 아이의 모습으로 태어난 거예요.

지구 상의 최초의 인류는 아담과 이브예요? 아니면 원숭이예요?

학자들은 이 질문에 대해 대답을 하지 않으려고 해요. 인류의 낡은 명함 위에다가 아담도 이브도 원숭이도 '내가 최초의 인간이다!'라고 새겨 넣을 수가 없거든요.

사실 과거에 여러 종의 인간들이 아프리카 대륙에서 살고 있었는데 그들이 인류의 조상이었던 것 같아요. 이들 중에서 나쁜 기후와 병을 잘 견디거나, 다른 원시인들보다 더 영리하고 손재주가 있었던 원시인들이 우리 인류의 조상이 되었을 거예요.

물론 그 원시인들은 침팬지랑 아주 닮아서 서로 사촌지간이라고 할 수도 있지만, 그렇다고 해서 원숭이가 진화해서 인류가 된 건 아니에요. 최초의 인류는 원숭이하고는 아주 다른, 큰 차이점이 있어요. 왜냐하면 최초의 인류는 자신들이 의식이 있다는 것을 의식하고 있었거든요.

그래요. 원시인들은 생각을 하고 스스로에게 질문을 던질 수 있었어요. 그래서 아주 오래 전부터 인간은 이 질문에 대한 답을 찾으려고 애써 왔던 거예요. '우리는 도대체 어디에서 온 것일까?'

3,000년 전에 이스라엘 민족 중의 나이 많으신 한 어르신이 "세상과 인간이 하느님에 의해 창조되었다"고 성경의 첫 장에서 이야기하셨죠. 히브리 말로 아담은 '인간(또는 남자)'이란 뜻이거든요. 물론 그 어르신은 생물들의 출현을 순서대로 잘 이야기하셨지만 인류의 기원을 밝히는 과학적인 글을 쓰려고 했던 건 아니에요. 그 이야기는 인간이 하느님과 어떻게 관계를 맺게 되었나를 보여 주는 이야기예요.

그 이야기는 이렇게 시작돼요. "그리고 하느님께서는 흙의 먼지로 사람을 빚어 만드시고 그 코에 생명의 숨을 불어넣어 주셨다. 그러자 사람은 생명을 갖게 되었다……."

외계인이 있나요?

어떤 여자아이가 경찰서에 와서 이렇게 말했어요. "길을 걷고 있었는데요, 뭔가가 나한테 다가왔어요. 작고 회색이었는데요, 머리가 아주 크고 손가락이 무지 많았어요. 그리고 나선…… 아무것도 기억이 안 나요."

보라색 머리에 청소기 모양의 귀를 한 외계인도 있을 수 있겠죠? 화성인이나 유에프오에 대한 여러 유머들도 있고요. 그런데 사실 지구 너머 다른 곳에 다른 생명체가 살고 있다는 것을 증명해 낸 사람은 아무도 없거든요. 전파망원경으로 우주의 소리를 들을 수 있는 대학자들조차도 확실하게 밝혀내지 못했어요.

우주에는 무수히 많은 행성들이 있어요. 어쩌면 그들 중 한 곳은 지구와 비슷할지도 모르고 거기에 생명체가 살고 있을지도 몰라요. 그리고 그 생명체들은 우리와 이야기하고 싶어 할 수도 있고 아니면 그저 아주 작은 세포에 불과할지도 몰라요.

어쨌든 외계인은 공상 과학 영화에 나오는 것과 똑같지는 않을 거예요. 이 우주의 다른 별에 다른 생명체들이 존재한다면 우리들의 하느님께서 또한 그들의 하느님일 거예요. 왜냐하면 하느님께서는 이 거대한 우주 전체의 하느님이시니까요.

그리고 우리만이 유일한 생명체라 해도, 어마어마하게 넓은 이 우주 속에서 우리는 아주 작은 티끌 같은 존재라 해도, 그렇다 해도 어쨌든 하느님께서는 바로 우리에게 관심을 가지고 계시다는 것! 그것이 바로 놀라운 사실이지요!

②

생명은 신비스러워요!

나는 왜 살아요? 나는 왜 나인가요?

조각 작품이 어떻게 만들어지는지 알지요? 어느 날, 조각가는 돌덩어리를 하나 골라 그걸 연장으로 다듬어서 마침내 작품을 하나 만들죠. 조각은 시간이 오래 걸리고 손이 많이 가는 아주 섬세한 작업이에요. 이쪽저쪽을 조심스럽게 깎아 내다가 때로는 돌이 너무 단단해 연장이 미끄러져 버리기도 하고 어느 한 부분이 깨져 다시 해야 하기도 해요.

생각대로 안 돼서 망칠 때도 있지만 그래도 실망하지 않고 다시 참을성 있게 조금씩, 조금씩 조심스럽게 조각하다 보면 돌덩어리에서 전혀 새로운 모양의 작품이 태어나게 되지요.

우리들의 삶도 조각품과 비슷하다고 할 수 있어요. 하지만 조각품보다도 훨씬 더 복잡하지요. 믿을 수 없으리만큼 어마어마하게 많은 사건들 중에서 일어난 한 사건 덕분에, 그러니까 한 남자와 한 여자가 만난 덕분에 우리가 태어날 수 있었던 거니까요. 한 남자와 한 여자가 만나서 사랑에 빠지면 보통 결혼을 하고 아이를 가지고 싶어 하게 돼요. 그래서 아버지의 단 하나의 정자와 어머니의 단 하나의 난자가 만나서 수억 분의 일의 확률을 뚫고 세상에 단 하나뿐인 아기가 태어나지요. 그게 바로 우리예요.

그런데 그게 끝이 아니에요. 이렇게 태어난 아기는 수많은 우유를 마시고 수많은 기저귀를 적시며 성장합니다. 옹알이를 하다가 말을 배우고 많은 이야기를 들으면서 힘과 머리와 마음이 자라고 수많은 만남을 가지게 되지요. 그게 바로 우리예요. 그런데 이건 겨우 시작일 뿐이니 굉장하지요!

때로 우리에게 일어난 어떤 사건들이 우리 삶에 부분적으로 깊이 새겨진다고 해도, 결국은 우리 스스로가 자유롭게 우리 자신의 삶, 자신이 되고 싶은 모습을 결정하는 것이랍니다. 이렇게 우리가 삶을 조각해서 아주 새로운 존재가 될 수 있도록, 하느님께서 몰래 도와주신답니다.

우리가 사는 이유는 많겠지요. 하지만, 우리가 삶을 조각한다는 것, 그것이 가치 있는 일이라는 것을 깨닫는 것, 그리고 우리를 창조하신 하느님께서 우리를 사랑하시고 우리가 자신의 삶을 창조해 나가도록 하느님께서 늘 함께 계신다는 사실을 깨닫는 것, 그것이 아마 우리가 사는 첫째 이유일 거예요.

왜 우리는 언젠가 죽을 수밖에 없나요?

오늘 아침에 할머니께서 돌아가셨어요. 사실 그동안 많이 아프셨기 때문에 예상은 하고 있었어요. 할머니께서는 참 멋지게 사셨어요. 할아버지 사랑을 듬뿍 받으셨고 세 명의 아이와 손자들이 있었죠. 저도 그중 하나고요. 할머니는 아주 명랑하신 분이셨어요.

전에 할머니께서 이젠 어서 빨리 하느님을 만나러 가고 싶다고 말씀하신 적이 있어요. 그때 전 할머니께서 '언젠가 돌아가시겠구나' 했지만 금방 잊어버렸지요. 그런데 오늘 진짜로 돌아가셨어요. 마음이 무지무지 아파요. 한 대 세게 얻어맞은 것같이 가슴이 답답하고 목이 콱 막혀서 숨을 못 쉬겠어요. 왜 죽음이란 게 존재하는 거죠? 왜 살아 있는 것은 다 언젠가 반드시 죽게 되는 거죠?

선생님은 그게 바로 자연의 법칙이라고 말씀하셨어요. 자연은 끊임없이 돌고 돌아서 태어나 살고 자라고 언젠가 죽는 거래요. 생명은 죽음에 이르고 시작한 것은 끝나게 된대요.

하지만 하느님을 믿는 제겐 그런 설명으론 충분하지 않아요. 저는 하느님께서 왜 이런 일들이 일어나도록 허락하시는지 알고 싶어요. 하느님께서는 우리 삶의 주인 아니신가요? 우리를 시험하시는 건가요? 도대체 모르겠어요.

난 평생 동안 하느님께 이 질문을 드릴 거예요. 하지만 동시에 전 예수님의 가르치심을 믿어요. 예수님께서는 이렇게 말씀하셨죠. "그래, 죽음은 존재한단다. 하지만 죽음은 끝이 아니란다." 어떤 사람들은 이 말이 너무 이상하다고 할지도 몰라요. 하지만 어쨌든 전 이 말씀을 믿어요.

왜 나는 우리 집에 태어났어요?

여러분 부모님이 원하셨기 때문에 여러분은 여러분 가정에서 태어나게 된 거예요. 한 남자와 한 여자가 만나면 그 두 사람은 또 다른 새로운 존재에게 생명을 전해 줄 수 있는 힘을 가지게 된답니다. 하지만 그 두 사람이 자신의 아기를 선택할 수 있는 것은 아니지요. 왜냐하면 부모는 아기에게 생명을 줄 수는 있지만 그것을 자신들이 원하는 대로 조정할 수는 없거든요. 신비스러운 일이지요.

그리고 여러분 자신이 주어진 생명을 잘 유지했기 때문에 태어나게 된 거예요. 처음에 여러분의 존재는 너무나 작고 약했지만 결국 잘 버텨 낸 거죠! 여러분이 살겠다고 버텨 냄으로써 엄마, 아빠가 누구인지는 모르지만 지금의 가정에 태어나겠다는 것에 동의한 셈이죠. 여러분이 태어나고 싶은 가정을 선택한 것은 아니에요. 하지만 여러분이 태어난 가정은 바로 여러분 거예요.

여러분의 가정이 좋든 나쁘든 여러분은 그 속에서 여러분 자신으로 자랐지요. 여러분은 태어났을 때 가정에 아무것도 주지 않았지만 가정으로부터 모든 것을 받았지요. 자라면서 여러분은 여러분이 받은 모든 것에 대해 생각하게 될 거예요. 간직하고 싶은 것, 전달하고 싶은 것은 선택할 것이고, 실망스러운 것, 여러분을 마음 아프게 한 것은 바꾸려고 하겠죠. 그리고 언젠가 여러분 자신의 가정을 꾸려서 아이들과 함께 삶이라는 모험을 하고 싶어질 때가 올 거예요.

하느님께서는 정말로 계신가요?

나는 물었다, 땅에게, 나무와 갈대에게. 나는 물었다, 바다에게, 호수와 강물에게. 나는 물었다, 하늘에게, 달과 별, 어둠과 빛, 바람과 구름에게. 나는 물었다, 새들과 모든 동물들에게. "너희들은 누구지? 너희들이 하느님이니?" 그러자 그들은 내게 대답했다. "우린 하느님이 아니야. 우리를 창조하신 분이 바로 하느님이시지." 그들이 너무 아름다워서 나는 그들의 아름다움에 푹 빠져버렸다. 그들의 아름다움이 마치 그들의 대답인 것 같았다.

그리고 이번에는 그들이 나에게 질문을 했다. "그런데 넌 누구니? 네가 그토록 찾는 게 바로 하느님이니? 네가 찾는 하느님께서는 우리를 창조하신 분이야. 그분이 아름답고 선하시니까 우리를 아름답고 선하게 창조하신 거야. 하느님께서는 분명히 존재하신단다, 우리가 존재하니까. 너에게도 마찬가지야. 하느님께서는 네게 생명을 주신 바로 생명 그 자체이신 분이지."

옛날에 5세기 때 아우구스티노라는 성인이 계셨는데, 그 성인께서는 오랫동안 하느님을 알려고 애쓰다가 어느 날 하느님께서는 정말로 계시냐는 질문에 위와 같이 대답하셨답니다. 아우구스티노 성인께는 우주의 존재 그 자체와 아름다움이 바로 하느님께서 계시다는 확실한 증거였던 것이지요.

왜 나는 자꾸 다른 사람과 싸우게 되지요?

밤이다. 벌써 10시다. 오늘 하루를 돌이켜 본다. 눈에 시퍼렇게 멍이 들었다. 테오를 놀리다가 한방 먹어서 같이 한판 붙었다. 자주 있는 일이다.

난 싸움질을 멈출 수가 없다. 때론 나를 방어하려고 싸우기도 하고 부당하고 억울한 일 때문에 싸움을 하기도 한다. 뭔가가 날 짜증 나게 하면 참을 수가 없어서 주먹이 올라간다. 그래서 툭하면 달려들어 덤비고 두들겨 팬다. 때론 아무 이유 없이 아무것도 아닌 일에, 아니면 그저 재미로 싸우기도 한다. 그런데 일단 싸움을 시작하면 걷잡을 수 없어진다. 내가 왜 그러는지 이유조차 알 수가 없어진다. 다른 사람들을 구하기 위해, 또는 세상을 더 좋게 만들려고 싸우는 사람도 있다는 생각을 하면 그 사람들이 참 존경스러워진다.

내가 늘 싸우는 이유는 힘이 남아돌아서다. 끓어오르는 에너지를 어쩌지 못하겠다. 사실 이 에너지 덕분에 달리기도 하고 소리도 지르고 자전거도 탈 수 있다. 아빠한테 이 이야기를 했더니 아빠도 어렸을 때 나처럼 싸움꾼이었고 싸우고 난 뒤엔 후회했단다. 그런데 자라면서 조금씩 힘과 에너지를 잘 사용하는 법을 배우게 됐다고 하셨다. 아빠는 싸움 대신 벽 타기를 배우고 연극도 하고 나중엔 체스를 배워서 챔피언까지 됐다고 하셨다. 그거 괜찮은 거 같다. 싸움꾼보다는 낫겠지?

사람들은 내가 아빠 어렸을 때와 아주 닮았다고 했다. 어서 빨리 커서 어른이 됐으면 좋겠다.

좋아, 내일은 테오랑 학교에서 벽 타기나 해야겠다.

왜 우리는 태어날 때와 죽을 때를 선택할 수가 없어요?

이 이야기는 자이르에서 피난 온 8살짜리 여자 아이, 아미나타의 이야기예요.

많은 사람들과 함께 우리는 전쟁을 피해 피난 왔어요. 불타는 듯이 뜨거운 모랫길을 맨발로 몇 시간 동안이나 걷고 또 걸었어요. 우리 마을은 다 파괴됐거든요. 오로지 한 가지 생각만 들었어요. '태어나는 것을 왜 내가 선택할 수 없지? 선택할 수 있었더라면, 난 정말 태어나지 않았을 텐데……. 정말 안 태어났을 거야, 절대로……. 아니면 다른 나라에서 태어났을 거야. 강가에 있는 평화로운 마을에서, 전쟁 따윈 없는 먼 다른 나라, 다른 시대에…….'

할아버지께서 제게 말씀하셨어요. "태어나는 것을 결정할 수 있는 사람은 아무도 없단다. 생명은 바로 하느님께서 주시는 거지. 그걸 네 부모가 네게 물려주는 거고. 그다음엔 네가 가고 싶은 방향을 선택해 나가는 거란다."

그래서 전 할아버지께 여쭤 봤죠. "태어나는 걸 선택할 수 없다면 죽는 거라도 선택할 순 없나요?"

할아버지께서는 저를 꼭 끌어안으시면서 설명해 주셨어요. "산다는 것은 죽음을 결정 짓는다는 게 아니란다. 산다는 것은 하느님께 자기를 맡기는 거지. 그건 삶에는 비록 고통과 절망이 있지만 하느님과 함께 살아갈 만한 가치가 있다는 뜻이지."

할아버지도 언젠가 돌아가시겠죠. 그런데 그건 언제죠? 하느님께서 정하시겠죠. 할아버지께서는 이제 주님을 만나실 준비가 되셨다고 믿고 계신 것 같아요. 할아버지께는 죽음이 주님과 만날 약속인가 봐요. 하느님과의 사랑의 약속 같은 건가 봐요. 그리고 할아버지께서는 그 준비가 되셨나 봐요. 할아버진 그걸 망치고 싶지 않으신 것 같아요. 할아버지는 행복한 순간에도 어둠의 순간에도 하느님을 믿고 걸어가시니까요.

'영혼'이 뭐예요?

영혼이 뭘까요? 영혼이란 아주 신비스러운 거예요. 마치 공기처럼 가볍고 눈에 띄지 않는 거죠. 여러분은 영혼이 뭔지는 잘 몰라도 왠지 꼭 필요한 것이란 느낌이 들 거예요.

사실, 여러분 영혼은 여러분이 살아 있게 해 주는 바로 그것이에요. 여러분이 이 세상에서 유일하고 소중한 존재가 되게 해 주는 바로 그것이에요. 여러분의 영혼이 바로 여러분 자신이거든요. 여러분의 영혼 덕분에 여러분은 웃고, 울고, 느끼고, 함께 이야기하고, 사랑하고, 기도하고, 상상하고, 꿈꾸고, 바라고, 선택하고, 계획을 세우지요. 영혼이 없다면 여러분은 차가운 시체나 지푸라기나, 아니면 작고 귀여운 강아지 인형과 다를 게 없을 거예요.

영혼은 보이지 않아요. 어디에 있는지도 알 수 없고 잴 수도 없고 만질 수도 없고 어떻게 생겼는지 설명할 수도 없어요. 하지만 생명에겐 아주 중요한 거예요. 마치 하느님처럼요.

하느님께서는 여러분 부모님에게 여러분이 태어날 수 있게 하는 역할을 맡기셨고, 여러분이 태어날 때, 여러분에게 영혼을 주셨어요. 여러분의 영혼은 여러분 속에 존재하는 하느님의 숨결이에요. 그래서 여러분의 영혼은 하느님처럼 영원히 살아 있는 거예요.

왜 남자와 여자는 다르지요?

제일 먼저 학자들에게 이 질문을 해 봤어요. 실험실에서 커다란 현미경과 씨름을 하는 학자들은 식물과 동물은 암컷과 수컷이 있어서 그들의 종족을 번식시키는 거라고 대답하더군요. 인간도 그런 거래요. 남자와 여자가 없으면 인간이란 종족이 사라져 버린대요. 그래서 남자와 여자가 필요한 거래요.

그래서 이번에는 남자와 여자에게 직접 물어봤어요. 그런데 남자는 자기들이 여자보다 뛰어나다고, 여자는 반대로 여자가 남자보다 더 뛰어나다고 서로 막 싸우는 거예요. 그래서 도대체 하느님께서 원하신 건 뭐였을까 곰곰이 생각해 봤어요.

'왜 남자와 여자는 서로 다를까? 그건 아마 오래전부터 계속되어 온, 끊임없이 새로워지는 사랑의 역사 때문이 아닐까?'

무성한 잡초와 작은 짐승들에서부터 저 하늘의 은하수에 이르기까지 하느님께서는 모든 생명을 사랑하세요. 하느님께서는 남자와 여자가 똑같기를 원하지 않으세요. 그럼 너무 재미없잖아요! 하느님께서는 로봇을 만드시는 분이 아니거든요. 모든 남자와 여자는 한 사람, 한 사람 모두 각자 이 세상에 하나밖에 없는 유일한 존재예요. 그리고 하느

님께서 남자와 여자를 따로 만드신 건 절대 우연이 아니에요. 하느님께서는 당신 모습을 본떠서 남자와 여자를 만들어서 각각의 가슴 한가운데 사랑을 심고 싶으셨던 거예요.

신비스러운 사랑의 끈이 우리 인간들을 하느님께로 연결해 주고, 또 남자와 여자를 서로 연결해 준답니다. 그래서 남자와 여자는 서로 사랑하고, 아이에게 생명과 사랑을 전해 주게 되지요. 하느님으로부터 오는 생명을 말이에요. 그렇게 해서 하느님께서 원하신 위대한 모험이 시작된답니다. 남자와 여자는 서로 다르기 때문에, 그들 자신의 가장 좋은 것, 즉 '서로 사랑하는 힘'을 함께 나눌 수 있게 되는 거예요.

왜 장애인들이 있어요?

-아빠, 내 친구 줄리한테 장애인 오빠가 있다는 거 아시죠?

-그래, 알지.

-저는 줄리의 생일날 그 오빠를 처음 봤는데, 몸이 막 뒤틀려 있고 말도 잘 못 하더라고요. 휠체어를 타고 있었어요. 14살이라던데…….

-뇌성마비인가 보구나.

-전 처음에는 그 오빠가 무서웠어요. 하지만 줄리가 아무렇지도 않게 오빠하고 이야기를 나누는 걸 보고 안심하게 됐어요. 나중에는 그 오빠의 휠체어를 제가 밀어 주기도 했어요.

-그 아이 이름이 뭐니?

-기욤므예요. 그런데 그 오빠는 왜 그렇게 태어난 거예요? 왜죠? 하느님께서 실수하신 거예요? 왜 하필 그 오빠에게 그런 일이 일어난 거예요?

-애야, 슬프게도 아빠도 그 답을 모른단다.

-너무 불공평해요! 하느님께서는 그 오빠가 그렇게 되도록 아무 상관도 안 하시고 내버려두신 거 아니에요?

-그런 불행에 대해 설명해 줄 수 있는 사람은 아무도 없단다. 그리스도인들도 다른 사람들과 마찬가지로 그런 일에 대해서는 대답하기가 어렵단다. 하지만 우리 그리스도인들은 한 가지 사실은 분명히 알지. 하느님께서 그 아이를 내버려두신 게 아니라는 것은 확실해.

　-어떻게 알죠?

　-애야, 절름발이, 귀머거리, 중풍병자, 장님 같은 장애인들에 대해 제일 많이 이야기하고 있는 책이 뭔지 아니? 바로 성경이야! 복음 말씀을 보면 예수님께서 맨 처음으로 만나는 사람들은 바로 그런 사람들이야. 예수님께서는 그들이 괴로워하는 것을 보시면서 함께 괴로워하셨어. 예수님께서는 가시는 곳마다 그런 사람들을 낫게 해 주시고 아버지 하느님께서 모든 사람들, 특히 가장 보잘것없고 무시당하는 사람들을 사랑하신다는 것을 보여 주셨지. 그리고 예수님께서는 우리에게 그 바통을 넘겨주셨어. 이제 바로 우리가 장애가 있는 사람들을 존중하고 도와주어야 해. 무시하거나 거부하거나 부끄러워하지 말고 말이야.

　-무서워하지도 말고 말이죠!

　-그래, 맞아. 기욤므의 부모님이 기욤므를 보살펴 주는 것처럼 말이야.

　-줄리도 오빠를 아주 사랑해요.

　-그런 병들을 연구하고 극복하기 위해 애쓰는 분들이 많단다. 하느님께서는 기욤므 같은 사람들을 돕기 위한 힘과 지혜를 우리에게 주셨단다. 그 이상을 할 수는 없을지도 몰라. 하지만 그것만으로도 이미 많은 것을 하고 있는 거야. 그게 바로 하느님께서 일하시는 방식이란다.

고통받는 사람들이 계속 생길 수밖에 없나요?

사랑하는 마크야,

언젠가 아무도 고통받는 사람이 없게 될 날이 올 거라고 너한테 대답해 주고 싶지만, 그것은 불가능할 것 같구나. 병 때문에 또는 늙어 가는 몸 때문에 아파하는 사람들의 고통, 사랑받지 못하고 버림받거나 학대당하는 사람들의 괴로움, 누가 이런 것들을 완전히 막을 수 있을까?

그럼 이 세상에는 고통받은 사람들이 계속 있을 수밖에 없고, 우리는 거기에 대해 아무것도 할 수 없단 말일까? 아니란다. 인생에는 말도 안 되고 터무니없는 일들이 많을지 모르지만 고통이 운명인 것은 아니란다. 날마다 세계 곳곳에서 많은 사람들이 고통을 덜어내려고 애쓰면서 보다 정의롭고 보다 사랑 넘치는 세상을 만들기 위해 노력하고 있단다. 이 세상을 하느님 나라에 더 가까워지게 만들고 있는 거지.

마크야, 나는 네가 더 좋은 세상을 만들기 위해 애쓰는 사람들 중의 하나가 되기를 바란단다. 예수님의 이 말씀을 잊지 말고 기억하렴. 그리고 믿음을 잃지 말렴. "고생하며 무거운 짐 진 자들아, 다 내게로 오너라."

너를 사랑하는 에티엔느 대부가.

왜 이 세상에 똑같은 사람은 없는 거죠?

난 가끔 모든 사람들이 다 똑같았으면 좋겠다는 생각이 든다. 모두 똑같이 머리가 좋고, 모두 똑같은 언어를 쓰고, 좋아하는 음식도 똑같고 노는 것도, 친구를 사귀는 것도 다 똑같다면, 그럼 아무도 싸우지 않게 될 텐데. 근데 다시 생각해 보니 그럼 너무 재미없고 지겨울 것 같다. 다른 사람들을 알려고 애쓸 필요도 없고 다른 사람들한테서 뭔가 발견할 일도 없겠지만, 그럼 끔찍할 것 같다.

다행히 주님께서는 우리를 각자 다르게 만드셨다. 그래서 우리는 가끔 서로 무시하고 질투하기도 하지만, 결국 서로 이해하게 된다. 그래서 인생이 정말 재미있어지는 것이 아닐까? 주님께서는 서로 다른 우리가 함께 평화롭게 지내는 법을 배우기를 바라신 것 같다.

주님께서는 우리 모두를 사랑하신다. 부끄럼 많은 사람, 활발한 사람, 진지한 사람, 웃기는 사람, 수학을 잘하는 사람, 다른 사람 말을 잘 들어주는 사람, 모두를 똑같이 사랑하신다. 우리는 모두 주님의 자녀니까. 우리가 모두 함께 주님의 자녀가 된다면 그때는 우리 모두 똑같이 주님의 얼굴, 위대하신 하느님의 모습을 닮게 되겠지!

③

위대한 계약

최초로 하느님을 믿은 사람은 누구예요?

　4,000년 전, 동방에 두 개의 강이 흐르는 나라에서 한 족장이 부족민들을 이끌고 이 천막 저 천막으로 유목 생활을 하고 있었어요. 그런데 어느 날 그 족장은 하느님께서 자기에게 부족을 이끌고 그 지역을 떠나 낯선 땅으로 가라고 하신다는 것을 깨달았어요. 하느님께서는 그 족장에게 더 좋은 땅을 주신다고 약속하셨거든요. 그래서 그 족장은 떠났지요. 그리고 하느님께서는 아이가 없는 족장에게 후손을 갖게 해 주시겠다고 약속하셨어요. 사실 그 족장은 나이가 아주 많았지만 그 말씀을 철석같이 믿었지요. 그래서 결국 그 족장은 아들을 얻게 됐는데 그 아들이 '이사악'이에요. 그리고 이사악의 후손들이 바로 하느님께서 선택하신 민족, 즉 이스라엘 민족이 되었지요.

이렇게 하느님께서 처음으로 사람에게 당신을 알렸는데 그 사람이 바로 이 족장, 아브라함이에요. 처음으로 하느님께서 유일한 신이란 걸 깨닫고 하느님의 사랑을 받아들이고, 최초로 하느님과 계약을 맺은 사람은 바로 아브라함이라고 성경에서는 설명하고 있어요. 그래서 오늘날, 유대인들과 그리스도인들 그리고 이슬람교도들은 아브라함을 그들 신앙의 조상, 최초의 신자라고 생각하고 있어요.

하지만 하느님에 대한 신앙은 어느 날 갑자기 뚝딱 생겨난 것이 아니에요. 아브라함 이전에도 사람들은 뭔가 자신들보다 더 위대한 존재가 있다고 믿고 있었어요. 그래서 여러 종류의 신들을 섬겼지요. 아브라함 이후에도 이스라엘 민족이 진정으로 하느님을 유일한 신으로 믿게 되기까지 오랜 세월이 걸렸어요. 그리고 나서 마침내 예수님께서 오셔서 하느님의 사랑을 우리에게 드러내 보여 주셨지요.

믿음은 오늘날의 우리에게도 역시 기나긴 길이에요. 한평생이 걸리거든요. 그래서 어쩌면 우리 모두 각자가 하느님을 믿은 최초의 사람인지도 몰라요.

왜 하느님께서는 이 세상을 창조하셨어요?

주님, 생명의 주님,
당신은 왜 이 세상을 창조하셨나요?

왜 바다를 창조하셨나요?
왜 저 바다가 땅으로부터 저 수평선 끝까지 펼쳐지고
하늘까지 맞닿도록 만드셨나요?
왜 하늘을 창조하셨나요?
왜 저 하늘이 우리 눈에 이토록 푸르게 보이고,
땅을 둘러싸면서, 저토록 멀고 저토록 넓은 우주를 감싸고 있는
가벼운 모자같이 보이게 만드셨나요?
왜 풀들을 창조하셨나요?
왜 저 풀들이 우리 발밑에선 이토록 부드럽고
짐승들 입에선 그토록 달콤하게 만드셨나요?
왜 땅이 씨앗들을 품었다가 향기로운 꽃들을 피우게 하셨나요?

그리고 왜 저를 창조하셨나요?
왜 저를 오늘 이 땅에 살게 하셨나요?
왜 저를 이미 이 땅에 온 사람들,
그리고 이제 이 땅에 올 모든 사람들로 끝없이 이어지는 사슬 중의
작디작은 한 고리가 되게 하셨나요?

주님, 생명의 주님,
당신께서 이 모든 것을 창조하셨습니다.
이 모든 것을 제게 주시려고,
저를 행복하게 해 주시려고 창조하신 것, 아닌가요?
당신은 제게 생명을 거저 주셨습니다. 그냥 주셨습니다.
생명은 아름다우니까요. 선하니까요.
바로 당신께서 그러하시듯.
그래서 이 모든 것을 볼 때,
저는 오직 한마디 말이 하고 싶어질 뿐입니다.
"감사합니다."

왜 하느님께서는 유대 민족을 선택하셨나요?

유대 민족은 아주 작고 정말 보잘것없는 부족이었습니다. 그들 대부분은 목동들이었고 양떼를 몰면서 햇빛과 먼지를 피해 천막에서 사는 유목민이었죠. 그런데 그들에게 특별한 일이 일어났어요. 하느님께서는 당신께서 살아 계시다는 것을, 그들 곁에 함께 계시다는 것을, 그리고 그들을 사랑하신다는 것을 그들이 깨닫게 하셨습니다.

왜 다른 민족을 선택하지 않고 하필 이 민족을 선택하셨을까요? 그 시대에 이 민족보다 훨씬 더 강하고 숫자도 많은 민족들이 있었는데 말이에요. 이 민족이 잘 알려지지 않았고 아주 작고 보잘것없었기 때문에, 바로 그 이유 때문에 이 민족을 선택하신 게 아닐까요?

역사적으로 히브리 족, 이스라엘 민족, 그리고 유대인이라고 불린 이들은 차츰 하느님께서 그들에게 주신 사명을 깨닫게 됐습니다. 다른 민족들에게 하느님의 '말씀'을 선포하라는 사명이지요.

그리고 나중에, 이 민족 가운데 한 사람으로 태어나신 예수님께서 이러한 복음을 선포하셨답니다. "하느님께서는 나라와 피부색, 빈부를 가리지 않고 모든 사람을 사랑하십니다. 왜냐하면 모두가 하느님의 자녀니까요."

🕊 '복음'이 뭐예요?

어느 날 지미는 아빠한테 이 질문을 했답니다. 그래서 지미 아빠는 이렇게 대답하셨어요.
- '복음'이란 '기쁜 소식'이란 뜻이란다. 그런데 얘야, 넌 기쁜 소식이 뭐라고 생각하니?
- 음, 알게 됐을 때 기분이 아주 좋은 소식이요. 그래서 모든 사람에게 알리고 싶은 소식이요.
- 예를 들면?
- 친구가 나를 초대했다든지, 축제가 열린다든지, 내가 좋아하는 사람이 나를 보러 온다든지, 아픈 사람이 나았다든지, 기쁜 소식은 무지무지 많죠.
- 그래, 맞아. 그럼 '복음'은 뭘까?
- 잘 모르겠는데요. 아마 모든 소식들 중에 제일 기쁜 소식 아닐까요? 그 안에 다른 모든 기쁜 소식들이 몽땅 다 같이 들어 있는 제일 기쁜 소식이요. 끝없이 계속되고.
- 그래 맞아, 지미야. 그리스도인들은 그런 기쁜 소식, 즉 '복음'이 있다고 믿는단다. 그 '복음'은 예루살렘에서 시작됐단다. 예수님의 친구들이 예수님 무덤이 비어 있다는 것을 발견했던 바로 그날 아침에 말이야. 그들은 얼마 전에 예수님께서 분명히 십자가에서 돌아가신 걸 봤는데, 빈 무덤을 보고는 예수님께서 살아 계신다는 사실, 부활하셨다는 사실을 알게 됐어. 그러니 그 사건이 얼마나 대단한 사건이었겠니? 얼마나 기뻤겠니? 얼마나 희망에 들떴겠니?

그것은 우리 인간은 이제 더 이상 죽음에 얽매이지 않고 부활할 수 있다는 뜻이고, 하느님께서 당신의 아들 예수님을 우리에게 보내셔서 그 길을 열어 주셨다는 뜻이거든. 그래서 그 기쁜 소식을 알리기 시작했던 거야.

얘, 지미야, 그게 바로 기쁜 소식 중에 가장 기쁜 소식, 즉 '복음'이란다. 그래서 그리스도인들은 그 기쁜 소식을 여러 나라 말로 번역해서 계속해서 곳곳에 알리는 거란다. 이 기쁜 소식을 제일 처음 적을 때 그리스 말로 적었는데, 그리스 말로 기쁜 소식을 바로 '복음'이라고 한단다.

왜 이제 하느님께서는 성경에서처럼 우리를 직접 부르시지 않지요?

"따르릉!" 전화벨이 울린다. "여보세요? 우리 귀염둥이니? 엄마다. 별일 없지? 아빠한테 밥 좀 안쳐 놓으라고 말해 줄래? 엄마가 10분 안에 도착할 거야. 이따 봐."

이런 식의 전화를 여러분은 자주 받아 봤을 거예요. 이렇게 전화를 받으면 누가 전화했는지 무슨 말을 하는지 우리는 금방 그리고 분명하게 알 수 있지요. '하느님도 이렇게 전화를 걸어 주시거나 직접 말해 주시면 아주 편할 텐데?' 하고 생각하는 사람들이 많을 거예요. 하지만 하느님께서는 우리한테 직접 말씀하시지는 않아요. 대신 다른 방법으로 우리를 부르세요!

성경에 사무엘에 대한 이야기가 있어요. 사무엘은 어린 소년이었는데 그 당시 관습에 따라 엘리 사제를 도와 하느님을 섬기는 일을 했어요. 사무엘과 엘리는 하느님의 성소에 같이 살고 있었는데, 어느 날 밤 사무엘은 자다가 "사무엘아, 사무엘아" 하는 소리에 깼어요. 그래서 사무엘은 엘리 사제가 부른 줄 알고 엘리에게 갔지만 아니었어요. 다시 돌아와 잠자리에 든 사무엘은 또다시 자신을 부르는 소리에 깨서 엘리에게 갔지만 이번에도 엘리가 부른 게 아니었어요. 다시 돌아와 누운 사무엘은 세 번째로 자신을 부르는 소리에 깼고 다시 엘리에게 갔어요. 그제야 엘리는 그것이 하느님께서 사무엘을 부르시는 소리라는 것을 알아차리고 사무엘에게 주님의 말씀을 듣는 방법을 가르쳐 줬어요. 그래서 마침내 사무엘은 자신을 부르신 분이 하느님이시라는 것을 깨닫게 됐지요. 다행히 엘리가 있었으니 망정이지 사무엘 혼자서는 깨닫기 어려웠을 거예요.

하느님께서는 우리를 다양한 방식으로 부르실 수 있어요. 성경의 복음에 나오는 예수님의 이야기를 통해, 친구와의 대화를 통해, 기도할 때 성령의 이끄심을 통해, 부당함을 보고 불끈 솟아오르는 분노를 통해, 커다란 기쁨을 통해……. 그런데 하느님의 부르심은 보통 은밀하고 꼭꼭 숨겨져 있어서 다른 사람의 도움이 필요해요. 그건 잘된 거예요. 하느님께서는 우리가 원하면 하느님 부르심을 듣고 이해하도록 우리에게 자유를 주시는 것이니까요.

왜 하느님께서는 모든 사람들에게 직접 말씀해 주시지 않는 거죠?

예언자나 성인들은 모두 하느님과 특별한 만남이 있었다고들 이야기해요. 그분들은 수많은 사람들 중에서 선택받아 특별한 경험을 하셨어요. 하느님께서는 그분들에게 직접 말을 거시고 이야기를 하세요. 뿐만 아니라 그분들도 하느님께 말을 하고 대답을 하지요. 그래서 하느님께서는 예수님께서 태어나시기 628년 전에, 예언자 예레미야에게 이렇게 말씀하셨어요. "네가 엄마 뱃속에서 생겨나기도 전에 나는 너를 내가 세운 나라들의 예언자로 삼았느니라."

그런데 예레미야는 그런 사명을 맡는 게 두려워서 하느님께 "아니, 저는 당신 말씀을 전할 줄 몰라요. 저는 아직 어린아이인 걸요"라고 대답했어요.

하느님과 얼굴을 마주 대고 직접 이야기를 나누다니, 샘나고 부럽지 않아요? 우리는 때때로 하느님께서 꼭꼭 숨어 계신다는 생각이 드는데 말이에요! 하지만 하느님께서는 하느님의 방식으로 하느님께서 살아 계신다는 것을 우리에게 말씀해 주세요. 우리가 만나는 사람들을 통해서 말씀해 주시지요. 우리가 만나는 사람들의 두려움과 아픔과 다정함과 기쁨을 통해서 말이에요. 오늘, 바로 지금 여기에서 하느님께서 우리에게 어떻게 신호를 보내고 계시는지를 이해하기 위해서 다른 사람들이 필요한 거예요. 그 사람들이 바로 하느님의 모습이거든요.

🌙 하느님께서는 정말로 우리를 도와주시나요?

하느님,
아주 힘들고 괴로운 날에는
당신이 마술을 부려서 단번에
제 삶을 바꿔 주셨으면 좋겠어요.

하지만, 당신은
참을성 있게, 조심스럽게, 비밀스럽게
저희에게 선을 베풀어 주세요.
하느님께서는 우리에게 성령을 보내 주시거든요.

성령은 숨결처럼 가볍지만
당신의 힘을 지니고 있어요.
성령은 우리가 원하면,
우리가 원하는 방식대로,
선하게 살 수 있도록 우리를 도와주세요.

성령으로 당신은 우리와 함께 계시고
성령으로 당신은 우리를 보살펴 주시지요.
바로 당신은 우리의 하느님이시거든요!

모든 사람들이 다 죽어 버리면 우주는 어떻게 되죠?

모든 것이 다 끝나 버리면
끝의 끝, 맨 끝이 되면
지구에 아무도 살지 않게 되고
우주가 폭발해 버리면
어떻게 될까요?

수억 년 후에
태양이 커다란 붉은 덩어리가 되어
사방팔방이 다 불타 버리면
그리고 나면,
무엇이 남을까요?

빈집에 불빛들이 꺼지듯이
별빛들이 다 꺼져 버릴까요?
밤하늘의 불꽃놀이처럼
별들이 폭발할까요?

모든 것이 끝나 버리면
끝의 끝, 맨 끝이 되면
어떻게 될까요?
아마 학자들이
이 모든 것들에 대해 조금은
우리에게 말해 주겠죠.

세상의 끝에 대해 상상하는 것은
아주 두려워요.
모든 것이 끝난다고 생각하면
얼마나 아찔한지 몰라요!
하지만 우리는, 우리 그리스도인은
믿어요.
하느님께서 우리를 지켜 주신다는 것을
분명하게 믿어요.
그리고 하느님께서 우리에게
영원히 거듭나는 무한한 생명을
약속하신다는 것을 확신해요.

왜 마리아님이 구세주의 어머니로 선택받으셨어요?

마리아님은 오래전부터 예언자들의 말씀을 잘 알고 계셨어요. 마리아님은 특히 이사야 예언자의 말씀을 좋아하셨어요. 수세기 전에 이사야는 기쁨에 찬 목소리로 "여기 젊은 여인이 아기를 가졌도다." 하고 외치면서 이스라엘 백성을 구원할 메시아, 즉 '구세주'를 하느님께서 보내주실 것이라고 예언했거든요. 그래서 많은 다른 유대인 처녀들처럼 마리아님도 기도 중에 '주님, 제가 당신께서 선택하신 구세주의 어머니가 될 수 있을까요?' 하고 생각해 봤을 거예요. '구세주'란 '세상을 구원해 주시는 주님'이라는 뜻이에요.

그래서 하느님의 천사가 주님의 잉태를 알려 주시던 날, 마리아님은 엄청난 감사로 가슴이 벅차올랐을 거예요. 구세주께서 탄생하시리라는 예언이 자기를 통해 이루어질 것이라는 소리를 듣고 마리아님은 너무나 놀라서 이렇게 기도하지요.

"위대하신 주님! 저는 아주 보잘것없습니다. 분명히 바로 그 점 때문에 당신이 저를 선택하셨음을 압니다. 저는 은총을 입었다고 수세기 동안 찬송 받겠지요. 하지만 저는 이런 은총을 입을 만한 일을 아무것도 하지 않았습니다. 단지 당신 말씀을 사랑하고 당신께 '네'라고 대답 드릴 뿐입니다."

이제 우리도 기도 속에서 이렇게 말하면서 마리아님과 함께 기쁨을 나눌 수 있을 거예요.

"은총이 가득하신 마리아님, 기뻐하세요. 예수님께서 당신 품 안에 계시니 주님께서 당신과 함께 계십니다."

왜 우리는 태어날 때부터 원죄를 지녔나요?

'뭔가 나보다 강한 게 나를 마음대로 뒤흔드는 것 같다. 도대체 나도 나를 어떻게 할 수가 없다.' 여러분은 가끔 이런 생각이 들 때가 있을 거예요. 우리는 자기도 모르게 고약한 행동을 하거나 나쁜 말들을 내뱉을 때가 있지요. 때로는 뭔가를 하고 싶기도 하다가 하고 싶지 않기도 하고, 자기 자신이 둘로 갈라져 있는 느낌이 들 때도 있고요. 이 모든 것이 우리 자신이 아닌 저 먼 곳에서 온 것 같은 느낌이 들지요. 그럴 때 우리는 마치 태어날 때부터 원죄에 물들어 있는 것 같은 생각이 들어요.

오늘날 아기가 태어날 때, 아기는 이미 기나긴 모험의 여정이 예고되어 있는 세상으로 들어오는 것이랍니다. 인간에 대한 하느님의 사랑의 역사와 함께 이 사랑에 대한 모든 거부의 역사 속으로 말이에요.

갓난아기는 폭력이 지배하는 세상에 태어나게 되지요. 이 폭력은 어느 정도 모두의 잘못이라고 할 수 있어요. 그리고 아기도 조금씩 이 폭력에 참여하게 되지요. 혼자서 맞서기는 어렵지요. 인류가 처해 있는 이런 상황을 우리는 '원래의 죄'라고 부르지요. 각 세대는 피해자인 동시에 하느님에 대한 거부의 긴 역사에 어느 정도 책임이 있지요.

성경에서는 인류의 역사를 거슬러 올라가 이러한 '원죄'에 대해 설명하고 있어요. 아담과 이브, 즉 남자와 여자는 자신들의 생명이 하느님의 선물이라고 인정하기를 거부했어요. 그들은 자신들이 신이라고 생각했어요. 그래서 하느님과의 계약을 깨 버렸지요. 우리도 역시 매 순간 하느님과의 계약을 깨느냐 마느냐를 선택해야 해요. 그런데 우리보다 앞서 태어난 모든 사람들처럼 아담과 이브에게 연결되어 있어서 원죄에 빠지기 쉽지요.

하지만 또 한편으로 우리는 예수님에게 더 강하게 연결되어 있어요. 우리는 예수님께 꽉 매달려 있어야 해요. 우리는 세례를 통해 하느님의 사랑 속에 잠기게 되고 예수님께, 그리고 예수님이 주시는 생명에 붙어 있게 되지요. 그래서 세례는 세상을 물들이는 이 원죄에 대한 하느님의 승리랍니다.

하느님께서는 하느님을 믿지 않는 사람들도 똑같이 사랑하시나요?

예수님께서는 갈릴래아 지방을 다니시면서 수많은 남자와 여자들, 서로 아주 다른 많은 부류의 사람들을 만나셨어요. 가난한 사람들, 불행에 찌든 사람들, 꽤 성공한 것처럼 보이는 사람들…….

하지만 그 모든 사람들에게 늘 예수님께서는 같은 말씀, 같은 몸짓으로 하느님께서 그들을 사랑하신다는 사실을 전하셨지요. 믿는 사람과 안 믿는 사람을 구별하기 위해서 조사를 하거나 감시병을 세우거나 따로 구별해서 말씀하지 않으셨어요.

믿든 안 믿든 하느님의 사랑은 모두에게 똑같이 머무신다고 예수님께서는 말씀하셨어요. 하느님께서는 인간의 자유를 너무나 존중해 주시기 때문에 억지로 당신을 사랑하게 하려고 애쓰지 않으신답니다. 하느님을 믿는 사람이라고 해서 다른 사람들보다 더 낫다고 느낄 만한 어떤 특권이 있는 것은 아니에요. 오히려 반대로 하느님의 사랑에 응답하며 살아가는 사람들에게 하느님께서는 모든 사람들에게 그 사랑의 증인이 되라고 요구하신답니다.

④

나자렛 예수

사람들은 예수님의 일생을 어떻게 알게 되었죠?

만약 여러분이 할아버지께서 어떻게 사셨는지 알고 싶다면 생전에 할아버지를 잘 아셨던 분에게 물어보면 되겠죠. 아니면 할아버지 사진이나 물건들을 찾아볼 수도 있을 거예요. 혹시 할아버지께서 생전에 아주 유명하셨던 분이면 신문 기사나 다큐멘터리 같은 것을 찾아볼 수도 있겠죠.

그런데 예수님의 경우는 좀 복잡해요. 예수님이 약 2,000년 전에 실제로 존재하셨던 분이라는 것은 잘 알려져 있어요. 예수님께서 돌아가신 직후에 플라비우스 요세푸스라는 사람이 쓴 『유대인들의 전쟁』이라는 역사책에 예수님에 대해 확실하게 나와 있어요. 하지만 거기에도 충분한 설명이 나와 있지는 않아요. 그 책에는 예수님께서는 실존 인물이셨고 제자들과 함께 다니면서 사람들을 가르치셨고 처형당했다는 것만 설명되어 있어요.

예수님의 생애에 대해 알려면 성경에 있는 복음서, 마태오, 마르코, 루카, 요한에 의해 쓰여진 사복음서를 읽어야 해요. 아까도 말했지만 '복음'은 '기쁜 소식'이라는 뜻이에요. 기쁜 소식이란 예수님께서 하느님의 아드님이시라는 것이지요. 사복음서 모두 예수님에 대해 말하고 있고 그것을 증언하고 있지요.

하지만 복음서에 예수님의 전 생애에 대해 자세하게 나와 있는 것은 아니에요. 예수님께서 키가 컸는지 작았는지, 뭘 드셨는지, 어디에 사셨는지, 어떤 옷을 입으셨는지 같은 것들은 쓰여 있지 않아요. 대신 예수님께서 돌아가실 때까지, 그리고 부활하실 때까지 예수님께서 만나고 예수님을 따라다녔던 모든 사람—병자, 가난한 사람, 눈먼 이—들에게 예수님께서 하신 말씀과 행하신 일들이 적혀 있지요. 그래서 옛날과 마찬가지로 오늘날에도 그리고 앞으로도 예수님께서 어떤 분이신지 모든 사람들이 알 수 있는 거예요.

예수님께서는 몇 월 며칠에 태어나셔서 몇 월 며칠에 돌아가셨어요?

6세기에 역사학자이자 수사님이셨던 디오니시우스라는 분이 그리스도교의 역사가 정확히 언제 시작됐는지 알아내려고 연구를 했어요. 그분은 예수님께서 태어나신 해가 바로 그리스도 시대의 시작이라고 생각했어요. 그래서 계산을 해서 예수님께서 태어나신 해를 '서기 1년'이라고 정했어요. 이후에 이 새로운 달력 계산법이 채택되었고 그때부터 예수님 탄생을 기준점으로 해서 '기원전', '기원후'로 나누어졌어요.

오늘날에는 그 수사님의 계산이 잘못됐다는 것을 알게 됐어요. 연구에 의하면 예수님께서는 우리가 지금 쓰는 '서기 1년'보다 6~7년 전에 태어나셨대요. 하지만 그렇다고 해도 그리스도인들의 믿음은 전혀 바뀌지 않아요.

그런데 사실 예수님께서 태어나신 날이 정확히 12월 25일인지도 확실하지 않아요. 이 날짜는 4세기에 그리스도인들이 정한 거예요. 그전부터 12월 25일은 다른 종교를 믿는 사람들이 태양신을 모시는 축젯날이었어요. 옛날 사람들은 바로 그날을 한 해가 시작되는 날로 생각했거든요. 그리스도인들은 예수님이야말로 참된 빛이시라는 것을 보여 주려고 그날을 예수님께서 태어나신 날로 정하고 축하하기 시작했어요.

성경에 의하면 예수님께서는 유대인들의 과월절 축제 때인 금요일에 돌아가셨어요. 많은 역사학자들이 말하기를 그날은 옛날 사람들의 계산법에 의하면 서기 30년 4월 7일 금요일이었대요. 그러니까 예수님께서는 서른여섯 살 때쯤 돌아가신 셈이지요.

왜 성모님을 처녀라고 해요? 아기를 낳았으면 남편이 있는 거 아니에요?

네, 마리아는 아기가 있었지요. 그 아기가 바로 예수님이죠. 그리고 남편도 있었고요. 마리아의 남편은 요셉이었죠. 성경에 이분들에 대한 이야기가 나오는데 평범한 이야기가 아니죠.

성경에 의하면, 요셉은 이 아기가 자기 아기가 아니라는 것을 알고 있었지만 자기 아이로, 자기 가족으로 받아들여서 길렀어요. 마리아는 요셉과 같이 살지도, 잠자리를 한 적도 없었고, 다른 어떤 남자하고도 잠자리를 한 적이 없었는데도 아기를 가지게 되었어요. 마리아는 처녀였어요. 그러니까 이 아기는 하느님의 선물이었던 것이지요. 다른 아기들과는 다른 방식으로 태어난 거예요. 하느님으로부터 직접 태어났으니까요.

천사가 마리아에게 나타나 그 사실을 알려 주었어요. "성령께서 너에게 오셔서 너는 아기를 가지게 될 것이다. 그러므로 태어날 그 아기는 거룩하신 분, 하느님의 아들이라 불릴 것이다." 너무 믿기 어려운 말이라 마리아는 깜짝 놀라 어리둥절해하고 있었는데 "하느님께는 불가능한 일이 없다"라고 천사가 덧붙여 말했어요.

하지만 하느님께서는 마리아의 뜻을 무시하고 아기가 태어나기를 원하지는 않으셨기 때문에 마리아의 대답을 기다리셨어요. 그것이 하느님의 뜻이라는 것을 금방 깨달은 마리아는 "예"라고 대답했지요. 이해가 안 되고 믿기 어려워도 마리아는 하느님을 믿고 모든 것을 하느님께 맡겼어요. 그래서 모든 것이 천사가 말한 대로 이루어졌어요.

그리스도인들은 마리아의 믿음을 따라 예수님이 하느님의 아들이라고 말해요. 그리고 예수님이 이 땅에 태어나실 수 있도록 하느님 뜻을 받아들이신 마리아님께 2,000년 전부터 감사를 드려 오고 있지요.

정말 별빛이 동방박사들을 예수님께로 인도했나요?

성 마태오는 복음서에서 먼 나라에 살던 이방인 동방박사 세 사람이 예수님을 만나러 왔다고 말씀하셨어요. 이 박사들은 하늘과 별들을 관찰하고 연구하는 학자들이었는데 어느 날 새로운 별이 나타난 것을 발견했어요.

그 시대에는 그것이 아주 중요한 인물이 태어났다는 것을 알리는 하늘의 표시라고 믿었어요. 그래서 동방박사들은 그 별을 따라 고향을 떠나 예수님이 계신 곳까지 왔다고 복음서에서 마태오 성인은 말씀하셨어요.

오늘날에도 이 신비스러운 별은 우리에게 꿈을 주지요. 아이들은 크리스마스트리 꼭대기에 이 별을 꽂아 놓거든요. 이 별은 아마 어떤 행성이나 유성이었을 텐데 천체물리학자들은 이 별이 실제로 존재했었는지 밝히기 위해 연구를 해요.

그런데 그리스도인들에게 제일 중요한 것은 이 복음의 메시지를 이해하는 것이에요. 성 마태오는 복음서에 예수님께서 어린 시절에 무슨 일이 있었나를 하나하나 시시콜콜하게 얘기하지는 않았어요. 하지만 우리에게 예수님에 대해 무언가를 알려 주려고 하셨어요. 성 마태오가 이방인 동방박사 이야기를 한 이유는 예수님의 가르침이 전 세계, 이 세상 모든 사람을 위한 것이라는 것을 알려 주기 위해서예요.

또 별은 우리 각자에게는 우리를 이끌어 주는 빛이 필요하다는 것을 생각나게 해 주지요. 그리고 이 빛은 그리스도인들의 마음을 밝혀 주는 빛, 바로 예수 그리스도이시지요.

예수님께는 형제가 없었나요?

그리스도인들은 예수님의 부모님인 마리아와 요셉, 그리고 예수님을 따라다녔던 열두 제자들을 성인으로 받들어요. 하지만 예수님의 형제나 누이들이 성인이 되었다는 이야기는 없어요. 그것은 예수님께서 외아들이셨다는 증거라고 할 수 있어요.

하지만 복음서에는 예수님의 '형제'와 '누이'라는 말이 나오고 마르코 복음과 마태오 복음에는 야고보, 호세, 유다, 시몬이라고 예수님의 형제들 이름까지 나와요. 어떻게 된 걸까요?

사실은 예수님께서 사셨던 시대에 그 지방 말로는 '사촌'이라는 말이 없었거든요. '형제'나 '누이'라는 말밖에 없었어요! 그러니까 복음서에 나온 '예수님의 형제와 누이'란 예수님의 사촌들을 말한 것이지요.

복음서에서 '마리아의 아들'이라고 불리는 사람은 예수님 한 분뿐이에요. 그래서 십자가에서 돌아가시면서 예수님께서는 자신의 어머니 마리아를 제자 요한에게 부탁했고 그래서 요한은 그때부터 마리아님을 자신의 집에 모셨지요. 마리아님께 다른 자녀들이 있었다면 그렇게 할 필요가 없었겠지요.

예수님께서는 머리가 길고 수염이 있었어요?

예수님이 어떻게 생겼는지 알고 싶지? 너만 그런 생각을 하는 게 아니란다. 심지어는 타임머신을 만들어서 시간을 거슬러 올라가 예수님 사진을 찍으려고 하는 사람들까지도 있으니 말이야. 그런데 유대교에서는 인간의 모습을 그리거나 인간의 모습을 본뜬 조각품을 만드는 것이 금지돼 있었어. 그래서 오늘날 예수님 모습을 알 수가 없지. 아마 예수님께서는 그 시대에 갈릴래아 지방에 살았던 다른 유대인들과 비슷한 모습이셨을 거야.

예수님께서 돌아가시고 수백 년 후에 화가들은 예수님을 수염이 없고 짧은 곱슬머리인 모습으로 그렸단다. 나중의 화가들이 예수님을 수염이 있고 머리가 긴, 존경스러운 스승님 모습으로 그렸지. 어떤 나라에서는 예수님을 금발 머리 왕자님으로 상상하기도 했어. 아메리카 대륙의 노예들은 예수님을 검은 피부에 아주 곱슬거리는 머리를 한, 가난하고 벌거벗은 모습으로 그리기도 했단다.

각자 자기들 마음의 눈에 비친 예수님 모습을 그리게 마련이고, 예수님을 형제처럼 가깝게 느끼고 싶어 하기 때문에 예수님의 모습을 자기 방식대로 상상하지. 금발로 또는 검은 머리로, 왕처럼 잘 차려입은 모습으로, 또는 거지같이 헐벗은 모습으로, 아주 연약한 모습으로, 또는 튼튼한 모습으로. 하지만 정말 중요한 것은 눈에는 보이지 않는 법이라는 거, 알지?

예수님도 어렸을 때 성당에 다니면서 교리를 배우셨나요?

예수님께서는 교리를 배우러 성당에 다니지 않으셨어요. 왜냐하면 그 시대에는 아직 가톨릭 성당도, 그리스도교 교리도 없었으니까요! 하지만 예수님께서 살았던 나자렛 마을의 다른 아이들처럼 예수님께서도 아마 안식일 날 아침에 회당에 갔을 거예요. 안식일은 유대인들이 다른 일은 하지 않고 오로지 하느님을 위해 바치는 날을 말해요. 예수님께서도 아마 회당에 가서 예루살렘 쪽을 향해 앉아 계셨을 거예요. 성스러운 모세 오경 두루마리를 간직한, 화려한 천으로 장식된 성궤 앞에 말이에요.

분명히 예수님도 다른 아이들하고 함께 "이스라엘아, 들어라! 주님, 우리 하느님, 우리의 유일한 주님." 하고 기도문을 외우셨을 거예요. 안식일 날 하늘에 첫 별이 뜨면 안식일 기도를 바치게 돼 있는 사람이 성궤 속에 보관되어 있는 '토라' 두루마리를 찾으러 갔어요. 토라는 모세 오경이라고 하는, 구약 성경 맨 처음에 나오는 다섯 부분의 이야기들이에요. 토라 두루마리를 가지고 오면 거기 참석한 모든 사람들이 볼 수 있도록 높이 들어 올리고 나서 한 구절을 선택해서 큰 소리로 읽어요. 토라는 히브리 말로 쓰여 있기 때문에 누군가 예수님께서 살았던 그 시대의 말인 아람 말로 통역을 했을 거예요. 그리고 나서 원하는 사람이나 아니면 그중 높으신 분이 그 구절을 해석하고 설명하지요. 이렇게 예언서 중에서 구절을 뽑아서 다 읽고 나면 모두에게 안식일 인사를 나누고 끝내면서 교회당을 떠나지요.

그 시대의 다른 아이들처럼 예수님도 다섯 살 때부터 '책의 집'에서 히브리 말로 된 성경 읽기를 배웠을 거예요. 그리고 열 살 때부터는 유대 민족의 율법들을 공부하러 '지식의 집'에 다녔을 거예요. 그곳에서 선생님들이 이런 질문들을 했을 거예요. "우리는 하느님께 무엇을 해야 하나요? 우리 부모님께는요? 하느님께서는 우리에게 무엇을 원하실까요?"

나중에 예수님께서는 나자렛의 회당에서 "주님의 영이 내 위에 내리셨다"라는 구절을 읽으셨는데 예수님께서 이것이 바로 당신을 두고 하신 말씀이라고 하셨을 때 사람들은 깜짝 놀랐어요. 하지만 어떤 사람들은 이사야 예언자의 이 구절이 바로 예수님을 위해 쓰여진 말씀이라는 것을 믿게 되었답니다.

예수님의 아버지는 누구예요? 하느님이에요? 요셉이에요?

우리가 '아버지'라고 할 때 그것은 어머니와 사랑을 나누어서 우리에게 생명을 주신 사람을 말하는 것이지요. 그런 의미로 말하자면 예수님의 아버지는 하느님도 아니고 요셉도 아니에요.

예수님께서는 하느님을 "나의 아버지"라고 말하세요. 그리고 기도를 할 때는 "압바"라고 부르세요. 이 말은 '아빠'처럼 아주 친근한 말이지요.

예수님께서 하느님을 이렇게 부르는 것을 듣고 제자들은 예수님께서 하느님으로부터 오셨고 처음부터 언제나 계속 하느님과 함께 계시다는 것을 알았어요. 아버지가 아들에게 사랑을 쏟듯이 하느님께서는 예수님에게 모든 사랑을 쏟으셨거든요.

요셉은 한 집안의 가장으로서 예수님의 탄생 때부터 줄곧 평생 동안 예수님을 보살피고 길렀어요. 하지만 요셉이 예수님께 생명을 준 것이 아니라, 예수님께서는 하느님의 선물로 마리아에게서 태어나신 것이라고 복음서는 말하고 있어요.

하지만 요셉의 역할은 아주 중요하답니다. 요셉이 예수님을 자신의 아들로 인정하고 받아들였기 때문에 예수님께서는 다윗 왕의 후손이 될 수 있으셨지요. 요셉이 바로 다윗의 후손이었거든요. 그래서 성경의 예언대로 예수님께서는 하느님의 아들이면서 다윗의 후손이라고 선포되실 수 있었던 거예요.

예수님께서 여자였을 수도 있나요?

요셉과 마리아가 구유 안에 누였던 아기가 여자 아기였다면? 그래서 그 여자 아기가 나중에 열두 제자들을 이끌고 "하느님의 따님"이라고 불리게 됐다면? 그럴 수도 있었을까요? 예수님이 여자였을 수는 없을까요?

하느님께 불가능한 것은 하나도 없어요. 우리들에게 당신의 아이를 보내시어 태어나게 하고 자라게 하신 것은 바로 하느님이시니까, 남자 예수님 대신에 여자 예수님으로 태어나게 하실 수도 있었을 거예요. 아니면 중국인으로 아니면 장애 어린이로, 32세기에 태어나게 할 수도 있으셨을 거예요.

하지만 하느님께서는 선택을 하셨어요. 그것은 하느님 자유지요! 우리들 가운데 예수님을 보내실 때 하느님께서는 한 시대와 한 민족, 유대 민족을 선택하셨어요. 그런데 그 시대에 유대 민족에게 하느님의 후손으로 인정받으려면 여자여서는 안 됐어요. 유대인들은 오랫동안 하느님께서 보내실 '구세주', 자신들을 구원해 줄 주님을 기다려 왔는데, 유대교의 예언자들은 이 구세주가 다윗 왕의 후손이라고 말해 왔거든요.

예수님께서는 남자 아기로 탄생하셨어요. 하지만 그렇다고 해서 여자아이들이 덜 중요하다는 뜻은 결코 아니에요. 예수님께서는 모든 사람들을 위해, 남자뿐만 아니라 여자를 위해서, 모든 대륙의 사람들을 위해서, 모든 시대의 사람들을 위해서 이 땅에 오셨으니까요.

왜 예수님께서는 세례자 요한에게 세례를 받았어요?

요르단 강가는 사람들로 북적거렸어요. 찌는 듯한 열기 때문에 숨 막히는 사막에 비해 이곳의 공기는 시원했어요. 사람들은 멀리서 여기까지 찾아왔는데 단순히 목욕이나 물놀이를 하러 온 것은 아니었어요. 세례자 요한을 만나러 온 것이었지요.

요한은 낙타 털옷을 두른 우스꽝스러운 모습이었는데 우렁차고 강렬한 목소리로 세례를 통해 죄를 씻으라고 말하고 있었어요. 그래서 한 사람씩 물속에 몸을 담그며 하느님께 죄의 용서를 빌었어요. 그들에게 세례는 마음을 깨끗하게 씻어 주는 새로운 출발이었어요.

어떤 사람들은 "저분이 우리가 기다리는 구세주가 아닐까? 저분이 바로 하느님께서 보내신 메시아가 아닐까?" 하고 수군거렸어요. 하지만 요한은 "아닙니다. 제가 아닙니다. 그분께서 곧 오십니다. 저보다 나중에 오십니다"라고 대답했어요.

그러던 어느 날, 한 서른 살쯤 돼 보이는 한 남자가 세례를 받으려고 요한 앞에 나타났어요. 그분이 바로 예수님이셨지요. 요한은 때가 왔다는 것을 깨닫고 예수님께 말했어요. "당신에게 세례를 받아야 할 사람은 바로 접니다." 하지만 예수님께서는 고집하셨어요. 예수님께서는 군중 속에 섞여서, 마음을 하느님께로 돌리고자 하는 모든 사람들과 당신이 함께 계시다는 것을 보여 주고 싶으셨던 거예요.

사복음서에서 모두 이 이야기가 나와요. 예수님께서 세례를 받으시던 날, 그날은 마치 우리 인간을 위해 하늘이 열리던 날이었던 것 같아요. 하느님 아버지께서 당신의 아드님, 예수님을 우리에게 주셨거든요. 하늘이 열리면서 "이는 내 아들, 내 마음에 드는 나의 아들이다." 하는 말씀이 들려왔어요. 그리고 예수님께서는 성령을 가득 받아 본격적으로 하느님의 사명을 시작하셨어요. 그러니까 요르단 강에서 세례를 받으신 것은 예수님께는 하나의 출발점, 즉 '시작' 이었던 거예요.

왜 예수님께서는 우리를 사랑하셨어요?

예수님께서는 사람들이 잘 찾지 않는 사람들, 모든 사람들이 안 좋게 보는 사람들, 무시당하는 사람들 곁에 기꺼이 앉으셨어요. 부끄러워하지도 겁내지도 않으셨어요. 왜 그러셨을까요?

어느 날 예수님께서 예리코라는 마을을 지나가셨는데, 그때 자캐오라는 아주 키가 작은 남자가 예수님을 보려고 나무 위로 기어올라갔어요. 자캐오는 세관원인데 거의 도둑 취급을 받고 미움을 받던 사람이었어요. 그런데 예수님께서는 자캐오를 바라보시면서 그날 밤에 그의 집에 머물겠다고 말씀하셨어요. 그래서 그날부터 자캐오의 인생은 완전

히 달라졌답니다. 예수님께서는 왜 그러셨을까요?

돌아가시기 직전에 예수님께서는 종들이 주인한테 하듯이 제자들의 발을 손수 씻겨 주셨어요. 왜 그러셨을까요? 왜 예수님께서는 복음서에 나오는 이 모든 사람들을 사랑하셨을까요? 왜 가장 보잘것없어 보이는 사람들에게 관심을 기울이셨을까요? 가까이해 봤자 아무 도움도 안 되고 오히려 해가 될 것 같은 사람들을 말이에요. 그리고 결국 사람들이 예수님을 돌아가시게 했잖아요.

하지만 하느님께서는 예수님을 부활시키셨어요. 예수님께서는 우리 가운데 살아 계시고 우리 각자를 계속 사랑하세요. 왜 그러실까요? 우리는 아무런 관계가 없는데 말이에요!

자, 보세요. 예수님과 하느님 아버지와 사랑의 성령은 서로 사랑으로 하나를 이루고 계세요. 그 사랑은 너무나 지극해서 모든 창조물 위에 빛나고 모두에게 퍼져 나가는 거예요. 하느님께서는 오로지 사랑하시는 것밖에 모르신답니다. 우리들이 아무리 비겁하고 미운 짓을 해도 하느님의 사랑은 식을 줄도 꺾일 줄도 몰라요. 오히려 하느님께서는 당신의 아드님 예수님을 우리에게 형제로 내주셨답니다. 그래서 우리는 하느님의 가족이 된 것이지요. 그리고 이제 우리는 하느님의 비밀을 함께 나누게 되었어요. 그 비밀은 행복해지기 위한 비밀인데, 바로 우리한테 아무것도 줄 것이 없는 사람들까지도 사랑하는 것, 우리를 사랑하지 않는 사람까지도 사랑하는 것이에요. 그렇게 아무 대가 없이, 죽을 때까지 사랑하는 것이에요.

예수님께서 우리에게 그렇게 말씀하셨어요. 그리고 예수님께서는 말씀만 하신 게 아니라 실제로 그렇게 하셨어요. 끝까지 말이에요!

왜 예수님께서는 여자 제자들을 두지 않으셨어요?

여러분은 아마 자기 두 아들을 예수님의 양옆에 있게 해달라고 부탁했던 한 어부의 부인 이야기를 기억할 거예요. 아니면 부활하신 예수님을 제일 먼저 보았던 마리아 막달레나 이야기 알죠? 베드로의 장모하고 다른 여자들 이야기도 있지요. 마리아 이야기도 있고요. 복음에 나오는 이 여인들은 모두 예수님 말씀을 따랐고 그중에 어떤 여인들은 제자들과 함께 예수님을 따라다녔어요.

하지만 예수님께서 세상에 복음을 전하러 보낼 열두 제자들을 뽑으셨을 때 여자는 안 뽑으셨어요. 왜죠? 사도들은 난파당하거나 감옥에 갇힐 위험을 무릅쓰고 먼 곳까지 여행을 다니면서 여러 지방에서 첫 그리스도 신자들을 이끌어야 했어요. 그런데 그 시대에는 여자들은 그런 일을 하기가 힘들었어요. 그 시대 여자들은 집안에서는 중요한 역할을 했지만 밖에서는 일을 하지 않았거든요. 하지만 여자들의 도움이 제자들에게는 아주 중요했지요. 오늘날에는 세상이 바뀌어서 여자들도 남자들과 똑같은 일을 하지요. 그러니까 확실한 것은 여러분이 여자든 남자든 예수님께서는 여러분 각자에게 기대를 걸고 계시다는 사실이에요.

왜 예수님께서는 장님과 절름발이들을 고치셨어요?

예수님이 계시던 시대에는 약이나 기름, 포도주, 약초 또는 주술로 아픈 사람들이나 불구를 치료하는 사람들이 있었어요. 하지만 예수님께서는 루카처럼 의사도 아니었고 그렇다고 마술사도 아니었어요. 그런데 예수님 주위에는 예수님이 계시다는 소식을 듣고 달려온 장님, 귀머거리, 절름발이들이 언제나 가득했어요. 쫓겨난 나환자들도 예수님을 찾아왔어요. 물론 마음과 영혼이 아픈 사람들도 찾아왔어요.

예수님께서는 그런 사람들을 환영하심으로써 하느님께서 가장 불행한 사람들을 우선적으로 보살피신다는 것을 보여 주기를 원하셨어요. 그것이 바로 예언자들이 말씀하신 것이에요. 예수님께서는 단지 말씀의 힘으로 그들을 낫게 하셨고 그럼으로써 병과 악과 죽음이 언제나 승리하는 것이 아니라는 것을 우리에게 알려 주고 싶어 하셨어요.

언젠가, 예수님의 부활 속에서 일어나는 일, 죽음과 악보다 강한 하느님의 사랑이 모든 인간에게 사실이 될 거예요. 예수님께서 사람들을 낫게 해 주신 것은 하느님께서 주신 생명과 하느님의 승리의 날을 미리 보여 주는 표시라고 할 수 있어요.

예수님께서는 당신께서 하느님의 아들이란 걸 어떻게 알게 되셨죠?

　예수님께서도, 예수님의 생애에 대해 쓴 사람들도 이 질문에 대해 대답을 하지 않으셨어요. 이 질문은 마치 연예인의 모든 것을 파헤치려는 호기심 많은 기자들의 질문 같아요. 하지만 복음서에서 우리는 예수님의 비밀을 알아낼 수 있어요. 예수님께서는 당신이 하느님의 아들이라는 것을 처음부터 쭉 알고 계셨어요.

　예수님께서는 열두 살 때 예루살렘 성전에서 하느님과 성경에 대해 말씀하셨는데 그 말을 듣고 거기에 있던 아주 똑똑한 유대교 지도자들은 깜짝 놀랐어요. 그리고 예수님께서는 "제가 아버지의 집에 있으면 안 됩니까?"라고 말씀하시면서 하느님을 "나의 아버지"라고 부르셨어요. 그걸 보면 이미 예수님은 당신의 전 생애가 하느님의 뜻으로 차 있

음을 알고 계셨다는 것을 알 수 있어요.

예수님께서 살아 계실 때 겪으신 일들, 예수님께서 만나셨던 사람들, 예수님께서 토요일마다 회당에 가서 들으신 것들, 예수님께서 성경에서 읽으신 것들, 이 모든 것들이 예수님께서 전부터 알고 계셨던 것을 보다 더 잘 이해하고 보다 더 분명하게 말할 수 있게 해 주었을 거예요. 하느님께서는 예수님 곁에 아주 가까이 계시기 때문에 하느님과 함께해야만 하고, 전적인 믿음으로, 하느님의 이름으로 말할 수 있다는 것을 말이에요.

요르단 강에서 세례자 요한이 예수님께 세례를 드릴 때 하늘에서 "이는 나의 사랑하는 아들, 내 마음에 드는 아들이다." 하는 소리가 들렸어요. 예수님께는 이것이 새로운 일도 아니고 처음 있는 일도 아니었어요. 하지만 이것은 예수님의 사명이 시작됨을 알리는 것이었어요. 그리고 예수님의 사명은 우리 모두가 하느님의 사랑을 받고 있다는 것을 모든 사람들에게 알리는 것이었지요.

'영광스러운 변모'라는 게 뭔지 도무지 모르겠어요

'영광스러운 변모'라는 말은 분명히 어려운 말이에요. 예수님께서는 살아 계실 때 딱 한 번 '영광스러운 변모'의 순간을 보여 주셨어요. 세 명의 제자들이 그것을 목격했지요.

예수님께서 베드로하고 야고보하고 요한을 데리고 기도하러 산으로 가셨을 때였어요. 그들은 군중과 따로 떨어져서 한가족처럼 모여 있었어요. 그런데 갑자기 예수님의 얼굴이 변하시더니 온통 빛으로 둘러싸이시고 옷도 눈부시도록 새하얗게 빛났어요.

그리고는 "이는 나의 아들, 내가 선택한 아들이니라." 하는 목소리가 들렸어요. 그리고 나서는 다시 모든 것이 전과 같은 상태가 되었어요. 그것을 본 제자들은 너무 놀라서 넋이 빠졌어요. 그 어느 때보다도 분명히 예수님께서는 하느님과 가까이 계셨어요. 어떤 인간도 그런 모습을 띤 적이 없었으니까요.

하지만 그들은 곧 끔찍한 소식을 들었어요. 예수님께서 당신은 곧 돌아가시게 될 것이라고, 당신이 하신 모든 것들 때문에 곧 죽임을 당하게 될 것이라고 그들에게 말씀해 주셨거든요. 하지만 제자들은 그때는 그 말을 잘 이해하지 못했어요. '왜 하느님의 아드님께서 죽게 된단 말이지?' 하고 생각했으니까요.

　나중에 제자들은 이해하게 됐어요. 예수님의 '영광스러운 변모'는 부활을 예고하는 것이었어요. 그것은 예수님께서 돌아가신 것을 보게 되더라도 예수님의 '영광스러운 변모'를 봤다는 것을 잊지 말라고 알려 주는 신호 같은 것이었어요. 그러니까 중요한 것은 '예수님께서 결국 죽음을 이기셨다'는 것이에요.

예수님도 하느님께 기도를 드리는데 어떻게 예수님을 하느님이라고 할 수 있지요?

우리 그리스도인들은 예수님이 하느님이라고 믿어요. 그런데 우리는 성경에서 예수님께서 하느님께 기도하시는 것을 종종 봐요. 자기 자신에게 어떻게 기도를 한단 말이죠? 예수님께서 우리처럼 기도한다면 예수님께서는 우리 인간이랑 같은 것이니까 하느님이 아니란 얘기잖아요.

하지만, 실제로 예수님께서는 우리처럼 기도하시지 않아요. 예수님의 기도는 세상에서 유일한 거예요. 예수님께서는 자기 자신에게 기도하는 게 아니에요. 아버지 하느님께 말씀하시는 거예요.

그래요, 예수님께서는 기도하실 때 하느님을 "나의 아버지, 나를 보내신 분"이라고 부르세요. 진짜진짜 아주 잘 알고 무지무지 사랑하는 사람에게 말하는 것처럼 기도하세요. 그때까지 그런 식으로 하느님을 그렇게 가깝게 여기면서 기도하는 사람은 하나도 없었

어요. 그래서 예수님께서 그렇게 기도하시는 걸 보고 화를 내는 사람들도 많았어요.

예수님께 하느님은 실제 사람처럼 아주 가까운 존재, 바로 '아버지'이셨던 거예요. 하지만 동시에 아버지이신 하느님과 아들이신 예수님께서는 완전히 결합되어 하나를 이루고 계세요. 그리고 하느님과 예수님은 성령이라는 하나의 숨결로 살아 계시는 거예요. 그래서 예수님께서는 "나를 본 사람은 아버지 하느님을 본 것이다"라고 말씀하셨고, 우리 그리스도인들은 "예수님은 하느님"이라고 고백하는 것이랍니다.

우리는 이러한 사랑을 이해하기가 힘들어요. 우리는 함께 나눈다는 것에 익숙하지 않거든요. 이 세상을 만드신 아버지 하느님과 하느님의 아들 예수님, 그리고 그 두 분의 거룩한 영인 성령이 어떻게 완전히 결합해 하나를 이루는지, 우리는 이해하기 어려워요. 그건 마치 한 가족이 정말정말 아주아주 화목해서 완전히 서로 하나가 되어 있는 모습하고 조금 비슷하다고 할 수 있을 거예요. 하지만 이 세상에서 제일 화목한 가족이라고 해도 완전히 하나를 이루고 계신 이 가족, '하느님-예수님-성령'에는 비교할 수 없을 거예요.

왜 같은 이야기가 복음서마다 조금씩 다르게 쓰여 있어요?

성경책을 펼쳐 보면 마태오 복음서, 마르코 복음서, 루카 복음서, 요한 복음서, 이렇게 네 개의 부분이 있어요. 이 복음서들은 예수님께서 돌아가시고 부활하신 후에 쓰여진 것이에요. 그런데 이 책들을 읽다 보면 여러분들은 놀랄 거예요. 똑같은 사건인데도 조금씩 다르게 쓰여 있거든요. 예를 들어 예수님께서 체포되실 때 하셨던 말씀이 복음서마다 조금씩 다르게 나와요. 하지만 그렇다고 해서 복음서들이 이야기를 꾸며낸 것은 아니에요.

예를 들어 오늘 학교에서 일어났던 일을 이야기할 때, 여러분이 하는 이야기와 여러분의 짝꿍이 하는 이야기는 똑같을까요? 똑같은 일에 대해 이야기하지만 조금씩 다르게 이야기할 거예요. 왜냐하면 여러분은 어떤 부분에 대해 더 자세히 말하고 친구는 다른 부분에 대해 더 자세히 말할 테니까요. 또 선생님 말씀 중에 여러분에게 특히 강하게 남는 부분을 친구는 싹 잊어버렸을 수도 있거든요.

복음을 쓰신 성인들도 마찬가지예요. 각자 예수님에게서 자기가 중요하게 느낀 것을 자기 방식대로 쓰신 거예요. 하지만 네 개의 복음서에는 다른 부분보다는 비슷한 부분이 더 많아요. 네 개의 복음서 모두, 예수님의 삶을 증언하고 있는 소중하고 유일한 책들이에요.

그리고 또 생각해 보세요. 여러분이 할아버지께 이야기할 때와 친한 친구한테 이야기 할 때, 그리고 다섯 살짜리 여동생한테 이야기할 때 다 똑같은 방식으로 이야기하나요? 똑같은 단어로, 똑같이 자세히 설명하나요? 아닐 거예요. 여러분은 상대가 관심 있어 하는 것을 이야기할 거예요. 복음서를 쓰신 성인들도 그렇게 하셨어요. 그 복음서를 읽을 사람들이 다르니까 쓰면서 읽을 사람과 그들의 질문을 생각하면서 쓰신 거지요.

5

예수님께서는 돌아가셨어요. 그런데 살아 계세요!

왜 사람들은 예수님을 죽였어요?

모든 사람들이 예수님 등 뒤에서 예수님을 죽일 음모를 꾸몄어요.

우선 유대인들 중에 높은 사람들, 유대인들의 율법 학자들과 수석 사제들이 음모를 꾸몄어요. 그들은 예수님께서 하시는 일들, 하시는 말씀들이 아주 기분 나쁘고 화가 나서 이렇게 말했어요. "저자는 자기가 모세라고 생각하는 거야? 아니, 자신이 하느님이라도 되는 줄 아나? 자기가 뭔데 죄를 용서한다고 말하는 거야?"

유대인들의 법에 따르면 하느님을 모독한 사람은 돌로 쳐 죽여요. 그래서 그들은 거짓 증인들을 내세우고 억지로 죄목을 꾸며내서 예수님을 고발하고 재판을 열었어요. 그리고 예수님이 계신 갈릴래아 지방의 왕인 헤로데는 예수님의 영향력이 커지자 자신의 세력을 빼앗길까 봐 불안해졌어요.

로마 총독인 빌라도도 책임이 있어요. 빌라도는 사실 예수님이 아무 죄가 없다는 것을 알았지만 유대인 원로들이 자신을 로마제국에 고발할까 봐 두려워 예수님의 사형 선고를 묵인했어요.

그리고 결정적으로 유다가 있어요. 예수님의 열두 제자 중의 한 사람이었던 유다가 예수님을 체포하도록 도왔어요. 아마 돈 때문에 그랬든지 아니면 예수님께 실망해서 믿음을 잃었기 때문에 그랬나 봐요.

그리고 군중도 있어요. 군중은 쉽게 마음이 변해요. 예수님께서 예루살렘에 들어오실 때는 환호를 하더니만 얼마 지나지 않아 "저자를 십자가에 못 박아라." 하고 소리를 질러댔지요.

결국 여러 가지 이유로 그들 모두가 함께 예수님을 죽인 거예요.

왜 예수님께서는 십자가에서 돌아가셨어요?

예수님의 제자들이었던 우리는 과월절 식사를 마친 후 예루살렘에서 나와 겟세마네 동산에서 조용히 쉬고 있었습니다. 예수님께서는 베드로와 야고보와 요한과 함께 조금 떨어진 곳에 계셨고요. 그런데 성전 경비병들이 횃불과 몽둥이와 칼을 휘두르면서 유다와 함께 들이닥쳤습니다. 제자가 스승에게 하는 인사로 평소 때처럼 유다가 예수님께 입을 맞추었고 그것이 신호가 돼서 곧 경비병들이 예수님을 체포했습니다. 우리는 그들을 막으려고 했지요. 그래서 베드로처럼 저도 칼을 빼어 들었지만 예수님께서는 "됐다, 내버려두어라." 하고 우리를 말리셨습니다.

"왜 예수님께서는 저항을 안 하셨지? 왜 저들이 붙잡아 가고 모욕을 하고 죄인 취급을 하며 사형시키도록 내버려두셨지? 하느님의 아들이고, 구세주이신 분이 말이야!"

저는 화가 났습니다. "우리는 그분을 3년 동안이나 따라다녔는데 우리를 이렇게 버리시다니! 우리 모두 오로지 그분만 믿어 왔는데 우리만 이렇게 남겨 놓으시다니! 우리를 이렇게 위험 속에 내버려두시다니!" 배신감이 느껴졌습니다.

하지만 아주 나중에 저는 알게 됐습니다. 예수님께서 옳으셨다는 것을. 예수님께서는 미움과 폭력을 거부하신 것이었습니다. 우리를 배반하지 않고 예수님의 목숨을 구하기 위해 어떻게 다르게 행동하실 수 있었을까요? 예수님의 마지막 기도가 떠올랐습니다. "아버지, 저는 그들에게 당신의 이름을 알려 주었습니다. 아버지께서 저를 사랑하신 그 사랑이 그들 안에도 있고, 저도 그들 안에 있게 하려고."

왜 예수님께서 십자가에 돌아가심으로써 우리를 구원하셨다고들 말하지요?

예수님께서 오셨을 때, 예수님을 받아들이지 않은 사람들도 많았어요. 예수님께서는 하느님께서는 어떤 사람도 내치지 않고 모두 사랑하신다고 말씀하셨거든요. 어떤 사람들은 그 말씀에 화를 냈어요. 예수님께서 말씀하시는 방식, 사는 방식을 아주 못마땅하게 생각했던 사람들이 많았거든요. 그 사람들은 예수님을 없애 버리고 싶어 했어요. 그래서 그 사람들은 나무로 만든 십자가에 예수님을 매달아 죽이기로 했어요.

물론 예수님께서 일부러 돌아가시려고 애쓰셨던 건 아니에요. 하지만 죽음의 위협에 조금도 흔들리지 않으셨어요. 예수님께서는 죽임을 당하게 될 수 있다는 것을 잘 알고 계시면서도 계속해서 모든 사람들에 대한 하느님 아버지의 사랑을 알리셨어요. 예수님께서는 이렇게까지 말씀하셨어요. "그들은 내 생명을 빼앗아 가지 못한다. 내 생명은 나로부터 주어진 것이기 때문이다."

그러니까 예수님의 죽음과 예수님께서 돌아가신 방식은 예수님께서 당신의 생명보다 우리들에게 더 신경을 쓰신다는 것을 보여 주는 것이지요. 예수님께서는 죽음을 통해서만이 아니라 전 생애를 통해 우리에 대한 사랑을 보여 주고, 우리를 구원하신 것이랍니다.

군중에게 하느님 아버지의 사랑에 대해 말씀하시고 아픈 사람들을 낫게 해 주시고 나병 환자들을 감싸 주시고 죄를 용서해 주시면서 한결같은 복음을 전해 주셨으니까요. "하느님께서는 우리가 악과 죽음을 이겨 내길 원하십니다"라는 복음을요. 그래서 예수님께서는 우리를 구원하시는 거예요. 우리를 살게 하고 싶어 하세요. 우리를 다시 살게 하고 싶어 하세요.

그리고 '부활절' 날에 정말로 하느님 아버지께서는 예수님을 죽음에서 벗어나게 하셨어요. 예수님의 부활로 하느님께서 진정으로 악을 이기셨다는 것을 보여 주시는 것이지요. 그래서 우리는 예수님께서 당신의 삶과 죽음, 전 생애를 통해 우리를 구원하신다고 말하는 것이랍니다.

무덤에서 사라진 예수님의 시체는 어디로 갔어요?

금요일 날 저녁에 난 너무 슬프고 절망스러운 마음으로 안식일 등잔에 불을 켰어요. 회당에서 기도 시간을 알리는 나팔이 세 번 울렸지만 난 집에 틀어박혀 꼼짝도 안 했어요. 예수님께서 십자가에 못 박혀 돌아가셨으니까요.

서둘러서 예수님을 묻을 준비를 해야 했어요. 다행히 아리마태아 출신인 요셉이라는 사람이 자기 소유의 무덤에 예수님을 묻겠다고 했어요. 그는 예수님의 시신을 닦고 알로에와 몰약을 바르고 향유를 뿌렸어요. 그리고 관습대로 예수님 몸을 긴 아마포 띠로 감싸고 머리는 수건으로 둘러쌌어요. 그러자 제자들의 울음소리, 여인네들이 흐느끼며 탄식하는 소리가 들렸어요. 안식일이 가까웠기 때문에 서둘러야 했어요. 무덤에 시신을 모시고 여러 사람이 힘을 합해 거대한 돌을 굴려 무덤 입구를 막았어요. 그래서 경비병들도 예수님을 죽음으로 몰고 갔던 사람들도 무덤 안에 들어갈 수 없었어요. 그리고 나서 가슴이 메어지는 슬픔에 잠겨 뿔뿔이 흩어졌어요.

일요일 밤에 예수님의 다른 제자들이 나에게 와서 알려 줬어요. "예수님 무덤이 비어 있어요!" 나는 걱정이 돼서 물었어요. "예수님의 시신이 사라졌나요? 어떻게 된 거죠? 누가 훔쳐 간 건가요? 로마인들이 가져다가 다른 곳에 숨긴 게 아닐까요? 어떻게 이런 일이 있을 수가 있단 말이에요?"

하지만 엠마오에 갔다 온 제자들과 마리아 막달레나와 시몬 베드로를 만나 이야기를 들은 제자들은 모두 입을 모아 말했어요. "예수님께서는 살아 계세요. 우리가 그분을 뵀다고요! 그분께서 우리에게 말을 건네셨어요! 그분은 살아 계세요. 하지만 우리와는 다른 방식으로 살아 계시지요. 하느님께서 그분을 부활시키신 거예요."

그러자 난 갑자기 이해가 됐어요. 비어 있는 무덤이 바로 예수님께서 부활하셨다는 증거라는 것이. 예수님께서는 살아서 하느님 아버지와 함께 계신다는 것이. 나는 기쁨에 겨워 웃고 싶기도 하고 울고 싶기도 했어요. 그래서 나는 무릎을 꿇고 기도했어요. "나의 하느님, 당신의 이름은 위대합니다. 찬미 받으소서" 라고.

예수님께서 저승에 가셨다는 말은 무슨 뜻이에요?

이 말은 예수님께서 무시무시한 불꽃이 넘실거리는 저승 세계에 가서 악마를 만나셨다는 말이 아니에요. 신을 무시하는 사람들이 가게 된다는 지옥을 말하는 것도 아니고요.

예수님께서 사셨던 시대에 '지옥'이란 말은 단순히 모든 죽은 사람들이 가는 곳, 즉 '저승'이란 뜻이었대요. 어딘지는 아무도 몰라요! 아마 저세상, 살아 있는 사람들이 사는 세상과는 다른, 저 아래, 저 먼 곳이겠죠?

우리는 "예수님께서는 돌아가셔서 묻히셨고 저승으로 가셨다." 이렇게 기도하는데 이 말은 모든 사람이 언젠가 다 죽는 것처럼, "예수님도 정말 돌아가셨다"는 뜻이에요. 예수님도 우리처럼 다시는 돌아올 수 없는 여행길을 떠나셨다는 뜻이에요.

하지만 예수님께서는 돌아오셨어요! 예수님께서는 부활하셨거든요! 예수님께서는 반대의 길을 가신 거예요. 죽음에서 벗어나 새로운 삶, 영원히 죽지 않는 삶의 길로 가셨으니까요. 그리고 우리 모두 예수님을 따라갈 수 있게 해 주셨어요. 예수님께서는 우리 모두를 죽음의 깊숙한 골짜기에서 끌어내 주셨어요. 예수님께서는 예수님보다 먼저 죽은 모든 사람들을, 그리고 후에 죽을 모든 사람들을 구원해 주시니까요. 예수님께서 열어 주신 생명의 길은 이제 다시는 닫히지 않을 거예요.

예수님께서는 정말로 부활하셨나요?

오순절 날 아침에 모두 모여 모세가 하느님께 십계명을 받은 것과 봄 수확을 무사히 마친 것을 감사드리고 있었어요. 아주 멋진 축제였어요. 여자들은 햇밀로 빵을 만들었고 항아리에는 포도주가 철철 넘쳐흘렀어요. 하지만 예수님께서 안 계신다는 사실이 저를 슬프게 했어요. 예수님을 오랫동안 따라다녔던 열두 제자들도 그랬을 거예요. 예수님께서 돌아가신 지 벌써 50일이 되었어요.

예루살렘으로 가는 네 갈래 길은 순례자들의 행렬 때문에 아주 붐볐어요. 저는 열두 제자들을 만나러 가고 있었는데 하도 복잡해서 사람들 무리를 헤쳐나가기가 힘들었어요. 그런데 제가 막 제자들 집 앞에 이르렀을 때, 갑자기 천둥소리처럼 엄청나게 큰 돌풍 소리가 들렸어요. 사람들은 겁에 질려서 비명을 지르면서 집으로 달려갔어요.

저는 제자들이 걱정됐어요. 하지만 열두 분 모두 기쁨에 겨워 나와 계셨어요. 그리고는 나오자마자 모두 이야기를 하기 시작하셨어요. 저는 어리둥절했어요. 그분들은 갈릴래아 사람들인데 로마 말로 말해서 제 옆에 있던 로마의 순례자들이 그분들 말을 다 알아듣지 뭐예요? 어떻게 된 거죠? 축제 때 마실 포도주를 벌써 너무 많이 마셔버린 걸까요?

베드로 제자가 입을 열었어요. "아니에요. 이렇게 이른 아침나절부터 취할 리가 있나요? 이스라엘 백성 여러분, 제 말을 들어 보십시오. 여러분이 십자가에 못 박아 돌아가시게 한 바로 그분, 나자렛 예수님을 하느님께서 다시 살리셨습니다. 우리가 그 사실을 목격했습니다. 바로 우리가 그 증인입니다. 모든 이스라엘 백성들은 이 사실을 분명히 아시기 바랍니다."

그러자 군중 중에서 몇몇 사람들은 베드로를 붙들고 이렇게 물었어요. "우리가 뭘 해야 하죠?" 그리고는 성령으로 가득 차서 "예수 그리스도는 살아 계십니다. 정말입니다"라고 알리고 다니기 시작했어요. "그런데 우리는 뭘 해야 하죠? 맞아요. 뭔가 새로운 것이 시작되고 있어요!"

그분들의 말을 듣고 넋이 나간 저는, 정신을 차려 보니 군중에게 떠밀려 그분들 곁에 함께 서 있었어요.

예수님께서 살아 계신다고 하는데 왜 우리는 예수님을 볼 수 없어요?

"제 이름은 마리아 막달레나랍니다. 저는 예수님의 제자들과 함께 그분을 따라다녔지요. 예수님께서 돌아가신 지 사흘째 되던 날에 제가 제일 먼저 무덤이 비어 있단 걸 발견했지요. 얼마나 놀랐는지 몰라요. 그래서 달려가서 다른 제자들에게 이 소식을 알렸지요. 그리고 나서 다시 무덤으로 돌아왔는데 그때 놀라운 일이 일어났어요. 예수님을 뵌 거예요! 네, 그래요. 바로 그분이셨어요, 나의 주님, 예수님이셨어요! 저는 *살아 계신* 주님을 뵈었어요! 사람들은 제가 미쳤다고 할지도 몰라요. 하지만 상관없어요. 그리고 이제는 제 눈으로 그분을 직접 보지 않고도 알아요. 그분께서 살아 계신다는 것을 알아요. 그것으로 충분해요. 그래요. 예수님 말씀이 이루어졌어요. 그분께서 말씀하신 대로 그분은 죽음의 발톱에서 벗어나셨어요."

"제 이름은 마리아 아녜스예요. 저는 20세기에 살고 있지만 저도 역시 예수님의 제자라고 생각해요. 제가 그리스도인이 된 것은 부분적으로는 마리아 막달레나 덕분이기도 해요. 마리아 막달레나의 증언을 전 믿거든요.
저는 사실 예수님을 뵌 적이 없어요. 하지만 그분이 살아 계시다고 믿어요. 물론 그분이 2,000년 전에 그분의 고향인 팔레스타인 땅에서 살아 계실 때, 그때의 모습으로 살아 계신다고는 생각하지 않아요. 저는 하느님께서 그분에게 시간과 공간을 뛰어넘는 다른 형태의 삶, 다른 모습으로 생명을 주셨다고 생각해요. 그런데 그건 상상하기가 불가능해서 가끔 의심이 들기도 해요. 하지만 확신이 드는 순간들도 많아요. 마리아 막달레나의 삶 속에 예수님께서 계셨듯이 정말로 내 삶 속에도 예수님께서 계신다는 확신 말이에요."

왜 열두 제자들은 부활하신 예수님을 못 알아봤어요?

예수님께서 돌아가신 지 2,000년이 지난 지금, 나는 가끔 생각해 본다. '시간 여행을 해서 예수님께서 살아 계시던 그 시대로 가서 예수님의 제자들과 함께 있다면 얼마나 좋을까? 내 눈으로 직접 예수님을 보고 예수님 목소리를 듣는다면 아, 정말 멋질 텐데!'

시간 여행을 해서 예수님께서 부활하신 직후에도 가보고 싶다. 제자들은 예수님을 금방 알아보지 못했지만, 나라면 예수님을 한눈에 알아보지 않을까? 제자 두 명은 예루살렘에서 엠마오까지 예수님과 함께 걸어갔는데도 그분을 못 알아보고 나중에야 깨달았다. 또 제자들은 티베리아스 호수에서 물고기를 잡다가 호수 위를 걸어오시는 예수님을 뵈었지만 그분이 예수님이라는 것을 금방 알아차리지 못하지 않았나?

물론 부활하신 예수님을 알아본다는 것은 쉬운 일은 아니었을 거예요. 그건 너무나 새롭고 믿기 어려운 일이었을 테니까요. 예수님께서는 살아 계셨지만 다른 모습이셨거든요! 하지만 그것은 틀림없이 예수님이셨지요. 제자들하고 호숫가에서 식사를 함께 하신 걸 보면 유령이나 환상은 아니었어요. 하지만 생전과는 전혀 다른 모습이셨기 때문에 제자들은 새로운 눈으로 예수님을 보는 법을 깨달아야만 했어요. 그런데 일단 깨닫고 나자, 더 이상 예수님의 모습을 눈으로 직접 확인할 필요가 없게 됐어요. 예수님께서 영원히 죽음으로부터 벗어나 계시다는 것을 확신하게 됐으니까요.

예수님께서 이 땅에 다시 돌아오실까요?

예수님께서 돌아가신 직후에, 팔레스타인 지방에서 최초의 그리스도교 신자들이 생겨났어요. 그리고 그 후에 국경 너머 여러 지역으로 신자들이 늘어났지요.

초기 신자들 중에는 예수님께서 살아 계실 때 예수님과 함께 지냈고 예수님의 죽음과 부활을 목격했던 제자들도 있었어요. 그들에겐 예수님의 죽음과 부활 사건이 아직 생생하고 강렬하게 남아 있었지요. 그래서 그들은 예수님께서 죽음에서 벗어나셨으니까 머지않아 영광스러운 모습으로, 정말로 다시 그들 곁으로 돌아오실 것이라고 생각했어요. 그들은 예수님께서 하느님의 생명 속으로 들어오셨으니까 곧 새로운 시대가 시작될 것이라고 생각했어요.

그래서 그들은 '왜 하느님의 때가 빨리 오지 않을까?' 생각하면서 기다렸어요. 어떤 제자들은 아무것도 하지 않고 기다리기만 했어요. '어차피 세상이 끝나는데 뭔가 한다는 게 무슨 소용이지?' 하면서요. 하지만 달이 가고 해가 가도, 아무 일도 일어나지 않았어요. 그들이 잘못 이해한 걸까요? 그들은 서로 이야기를 나누고 기도도 하면서 점점 알게 됐어요. 아무도 예수님께서 다시 오실 날은 말할 수 없다는 것을요. 하지만 그들은 한 가지 사실은 확신했어요. 세상이 끝날 때, 바로 그때가 예수님께서 오시는 때라는 것을요.

우리 삶은 지금 여기에 있어요. 그날 앞에 우리 삶은 선물처럼 주어진 거예요. 그 삶을 만들어나가는 것은 우리 각자의 몫이고요. 바로 거기에 그리스도인들의 핵심이 있답니다. 우리는 가만히 무릎 꿇고 앉아서만 기다리는 게 아니라 서서, 행동하면서 기다려요. 물론 어떻게 기다리는지는 자기 자유예요! 우리는 때때로 기도하기 위해서 무릎을 꿇기도 하잖아요!

그러니까, 결국 예수님께서 떠나신 후에 그리스도인들의 시대, 교회의 시대가 시작된 것이지요. 그건 대단한 일이지요!

그리스도인들은 또 아주 중요한 사실을 알고 있어요. 예수님께서는 결코 그들을 버리지 않으셨다는 것을요. 기도하기 위해서, 복음을 읽기 위해서, 또는 미사를 드리기 위해서 그들이 모여 있을 때 예수님께서 그들과 함께 계시다는 것을요. 그리고 그들이 외롭고 가난한 사람들을 향할 때, 그것이 바로 예수님을 향하는 것이지요.

⑥ 도대체 하느님은 누구신가요?

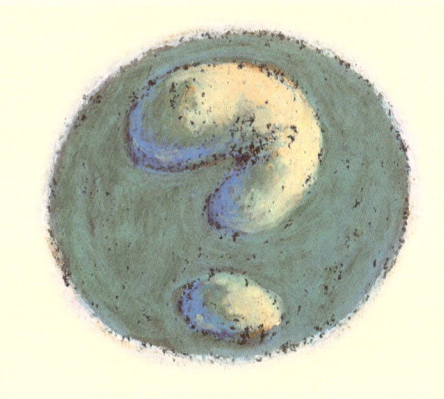

나는 하느님께 소중한가요?

애야, 눈을 들어 쏟아지는 저 빛을 보려무나.
바로 나란다, 너의 하느님.
내가 바로 네 곁에 있단다.
내가 보이지 않는다고?
그럼 바람의 숨소리를 들어 보려무나.
내 손바닥으로 정성껏 빚은 네 얼굴을 보려무나.
나는 너를 사랑한단다, 애야.
애, 라자로야, 예수의 친구 라자로야.
예수가 너를 죽음에서 건져 주었지?
애, 자캐오야,
예수를 보려고 나무 꼭대기까지 기어올라갔던 자캐오야,
그날 예수는 너희 집에서 묵었지?
애, 리지외의 데레사야,
내가 어둠 속에서 너를 이끌어 주었지?
이 세상에는 수많은 남자와 여자와 아이들이 있지.
하지만 나는 지금 바로 너에게 말을 하고 있단다.
나는 유일한 하느님이란다.
나는, 이 세상에 단 하나밖에 없는 유일한 너에게
이 세상에 단 하나밖에 없는 유일한 하느님이란다.
너는 내 눈에 넣어도 아프지 않을 만큼 한없이 소중하단다.
애야, 바로 너의 하느님인
내가 너를 사랑한단다.
그렇단다, 애야,
너는 내게 너무나 소중하단다.

왜 하느님은 보이지 않아요?

솔직히 말해서 저는 하느님이 보이지 않는다는 것이 가끔 속상해요. 물론 마음속 깊은 곳에선 하느님께서 계시다고 믿고 있어요. 하지만 보통 때는 그런 생각이 안 들어요. 생각이 좀 복잡해져요. 친구들이 우리 눈에 보이지도 않고 들리지 않는다고 생각해 보세요. 얼마나 답답하겠어요! 그래서 저는 가끔 하느님한테 화가 나기도 하고 하느님께서는 안 계신다고 쉽게 생각해 버리기도 해요. 도대체 하느님께서는 왜 그렇게 신비스러운 비밀이 많으시지요?

어떤 사람들은 저한테 "너, 하느님 안 보이지? 거봐, 그게 바로 하느님이 없다는 증거야!"라고 말해요. 하지만 그건 좀 너무 성급한 결론인 것 같아요. 사실 바람이나 공기라든가, 사랑이나 생각같이 우리 눈에는 보이지 않지만 분명히 존재하는 것들이 있으니까요. 손으로 잡을 수도 없고 눈으로 볼 수도 없지만 그 결과들은 볼 수 있잖아요. 나뭇잎이 흔들린다든가 사람들이 서로 사랑해서 같이 산다든가.

음, 그럼 하느님도 그런 걸까요? 어쩌면 제가 알아채지 못할 뿐이지 날마다 볼 수 있는지도 모르겠어요. 그래서 성경에서 예수님께서 하신 말씀 중에 이 두 구절을 곰곰이 생각해 봤어요. "나를 본 사람은 하느님을 본 것이다." "너희 중에 가장 작은 사람에게 한 것이 바로 내게 한 것이다."

이제는 좀 알 것 같아요. 제가 다른 사람을 볼 때 그것이 바로 예수님을 보는 것 아닐까요? 아마 제가 예수님에 대해 깊이 생각할 때 저는 하느님을 보는 것이겠죠? 멋진 생각이에요! 갑자기 세상이 훨씬 더 넓어 보여요.

하느님은 누가 만들었어요?

참 재미있는 질문이군요! 그런데 좀 이상해요. 그럼 나침반, 화약, 인쇄술처럼 하느님도 세계의 위대한 발명품 목록에 들어간다는 건가요? 마치 옛날에 누군가가 '빨간 모자와 늑대'라는 이야기를 상상해서 지어낸 것처럼, 어느 날 어떤 사람이 하느님을 뚝딱 발명해냈다고 생각하나 봐요.

그런데 제 생각은 달라요. 저는 사람들이 먼저 하느님을 믿기 시작한 것이 아니라 하느님께서 먼저 사람들을 믿으셨다고 말하고 싶네요. 하느님께서는 모든 사람들이 당신의 위대한 작품을 깨닫게 될 것이라고 생각하셨던 거예요. 짐승의 가죽을 둘러쓰고 숲 속에서 살아가는 사람들이든지 책을 잔뜩 읽어서 머리가 아주 무거울 만큼 똑똑한 사람들이든지, 누구나 단지 하늘의 별들이나 산과 바다, 새들이나 들꽃들을 보기만 하면 이 모든 것들이 하느님의 작품이라는 것을 깨닫게 되리라고 믿으셨어요.

물론 우리는 하느님을 볼 수도 만질 수도 없고 옆집 아저씨랑 마주치듯이 길 가다가 만날 수도 없어요. 그러니까 하느님을 상상하기가 너무 어렵지요. 그래서 어떤 사람들은 말하지요. 사람들이 죽음이 뭔지 몰라서 무섭고 설명할 수 없으니까 스스로 안심하려고 하느님이라는 것을 발명해 낸 것이라고요.

하지만 인간들은 이 지구에, 동서남북 곳곳에 생겨났을 때부터 설명할 수 없는 위대하고 무한한 무엇인가가 그들 안에 있다는 것을 느끼고 경험했어요. 설명할 수는 없지만 그들에게 생명을 주고 그들을 살게 하는 무언가가 있다는 것을 느꼈어요. 바로 하느님이 계시다는 것을 느끼기 시작한 것이지요. 마치 새하얀 첫눈 위에 찍힌 첫 발자국처럼 말이에요.

왜 하느님께서는 하느님께서 만들어 놓으신 세상에서 안 사시는 거예요?

하느님께서 이 세상에서 머무르시는 장소를 찾아낸다면 얼마나 편할까요? 하느님께서는 깊고 푸른 바다 밑에 사실까요? 아니면 서늘하고 어두운 동굴 속에, 아니면 불같이 뜨거운 태양 속에, 아니면 날마다 변하는 달님 속에, 아니면 무서운 천둥 번개 속에, 아니면 부드러운 바람 속에 사시는 걸까요? 도대체 어디에 계시는 거죠? 여기에 계신가요? 저기에 계신가요? 오래전부터 사람들은 하느님께서 어디에 사시는지 찾으려고 애썼어요. 하지만 절대 찾을 수 없었지요!

이유가 있지요. 하느님께서는 이 세상의 어느 한 곳에 살고 계시는 것이 아니니까요. 하느님께서는 이 세상을 창조하셨어요. 그러니까 이 세상은 하느님 안에 존재하는 거예요. 그렇다고 세상이 하느님인 것은 아니에요. 우리가 하느님인 것도 아니고요. 하느님께서는 우리에게 속해 계신 분이 아니에요. 하느님께서는 아주 어마어마하고 신비스러운 분이에요. 마치 하늘처럼 말이에요. 그래서 우리는 종종 "하느님께서는 하늘에 계신다"고 말하잖아요. 하지만 그렇다고 해서 하느님이 저 하늘에 구름이나 별들 속에 살고 계신다는 뜻은 아니에요.

그럼 하느님께서는 우리만 이 세상에 남겨 놓으신 건가요? 물론 아니에요. 하느님께서는 너무나 크고 신비스러워서 우리가 볼 수도 만질 수도 없지만 한편으로는 바로 우리 곁에 가까이에 계신답니다.

하느님께서는 끊임없이 세상의 아름다움을 창조해 내시거든요. 하느님께서는 당신께서 보내신 예언자들의 입을 통해 이스라엘 민족에게 말씀하셨어요. 그리고 당신의 아드님이신 예수님을 보내시어 우리들 가운데 살게 하셨어요. 그리고 날마다 성령으로 우리를 채워 주시지요. 우리가 모여서 예수님의 이름으로 기도드릴 때 하느님께서는 바로 거기에, 우리 곁에 계세요. 정말이에요!

하느님께서는 늘 우리를 보고 계시고 우리가 생각하는 것을 다 알고 계신가요?

제가 어렸을 때 우리 학교에는 우리들을 공포에 떨게 했던 무시무시한 선생님이 계셨어요. 그 선생님은 어디서든지 우리가 하는 행동들을 다 지켜보셨어요. 우리가 숨어서 장난을 치거나 조금이라도 허튼짓을 하면 귀신같이 잡아내서 수첩에 적으시고 벌을 주셨어요. 그 선생님은 소리도 없이 무시무시한 표정을 지으면서 갑자기 쓱 나타나서, 불쌍한 우리는 늘 잔뜩 겁을 먹었죠. 우리는 그 선생님이 마음을 읽는 안테나라도 가지고 있는 게 아닐까 하고 생각할 정도였어요. 그래서 우리는 아무 잘못이 없어도 그 선생님을 보기만 하면 죄지은 사람처럼 벌벌 떨었지요. 그런데 여러분, 혹시 하느님이 이 무시무시한 선생님 같다고 생각하시는 것은 아니겠죠? 그렇게 생각했다면 잘못 생각한 거예요.

하느님이 우리를 살아 있게 하시고 우리 마음 밑바닥까지 다 아시는 것은 사실이에요. 우리가 하는 모든 것들을 하느님께서는 잘 아시고 우리 삶의 구석구석까지 다 아세요. 성경의 『시편』에는 이런 아름다운 기도문도 있잖아요. "주님, 당신께서는 저를 살펴보시고 아십니다. 제가 앉거나 서거나 당신께서는 아시고, 멀리서도 제 생각을 꿰뚫어 보십니다."

하지만 하느님께서는 우리를 감시하시는 것이 아니에요. 하느님께서는 우리를 지켜보시고 우리와 함께 사시는 것이에요. 그건 완전히 다른 거예요.

마치 우리가 숨을 쉴 때 들이마시는 공기처럼 하느님께서는 은밀하고 한결같으세요. 이 공기가 없으면 우리가 숨 쉬지 못하고 우리 생명도 사라지는 것처럼 말이에요. 그리고 부드러운 미풍처럼 아주 조용하세요. 하느님께서는 우리가 가는 곳은 어디든지 함께 계시지만 우리를 자유롭게 내버려두시고 우리의 비밀을 존중해 주시거든요.

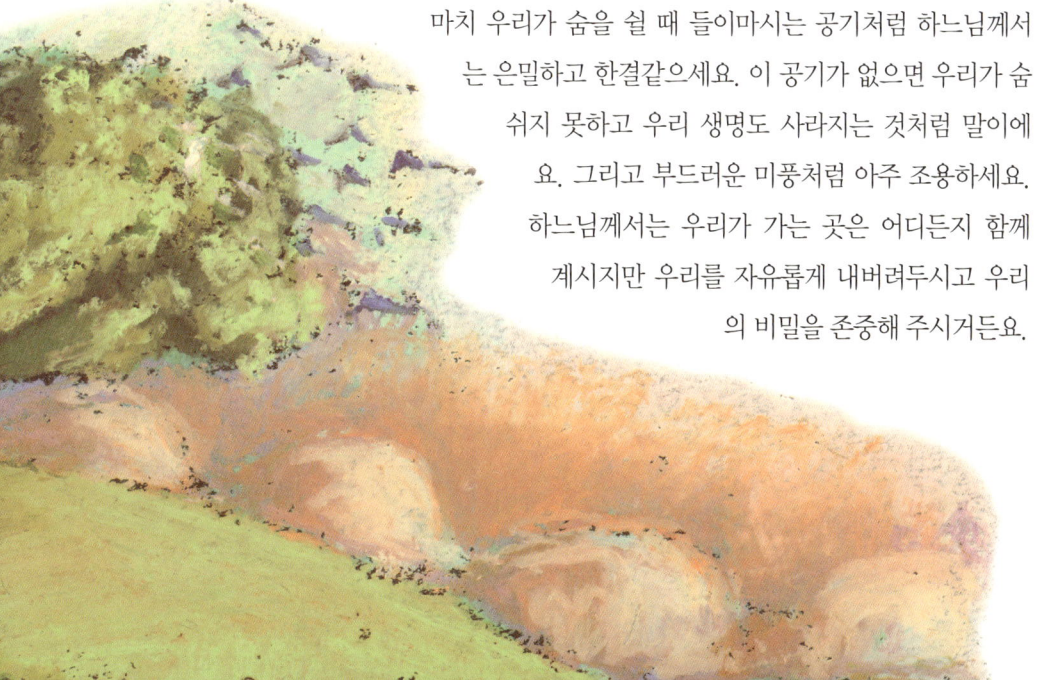

예수 그리스도를 믿는 건가요? 아니면 하느님을 믿는 건가요?

―할아버지, 저는 이해가 잘 안 돼요. 유대교 인들도 하느님을 믿고 이슬람교도들도 하느님을 믿는대요. 그럼 우리 그리스도인들은 하느님을 믿는 건가요? 아니면 예수님을 믿는 건가요?

―두 분을 다 믿는 거란다, 애야. 예수님께서는 하느님을 전적으로 믿으셨단다. 예수님께서는 유대인이셨고 다른 유대인들처럼 하나뿐인 하느님을 믿으셨단다. 그래서 우리도 예수님과 함께 하느님을 아버지라고 부르며 믿는단다.

하지만 예수님께서는 아픈 사람들을 낫게 해 주시고 죄를 용서해 주시고 우리에게 하느님에 대해 말씀해 주시면서 당신이 바로 하느님 아버지와 하나이심을 우리에게 보여 주셨단다. 그래서 우리는 하느님의 아드님이신 예수님 역시 믿는 것이지. 예수님께서는 처음부터 지금까지 그리고 영원히 하느님과 함께 하느님이시고 하느님과 똑같은 하느님이시란다. 예수님께서 직접 "하느님을 믿는 것은 나를 믿는 것이다"라고 말씀하시기도 했지.

―그럼 두 명의 신이 있는 거예요?

―물론 아니지. 우리가 미사 때 외우는 '사도 신경'에서 신앙 고백을 하잖니. 예수님께서는 "하느님에게서 나신 하느님"이시고, "빛에서 나신 빛"이시라고. 그래, 불꽃에 비유할 수 있겠구나. 불꽃이 다른 불꽃에서 태어나지만 똑같은 하나의 불꽃이고 빛인 것처럼 말이야. 그러니까 성부이신 아버지 하느님과 성자이신 아들 예수님께서는 두 인격, 두 분이면서 단 하나의 유일한 하느님이신 거야. "나와 아버지, 우리는 하나다"라고 예수님께서 말씀하셨듯이 말이야.

그리고 예수님께서는 또 다른 세 번째 분, '성령'이 계시다는 것을 가르쳐 주셨단다. 성령도 역시 하느님이시지. 성령께서는 우리 안에 하느님의 생명을 불어넣어 주시지. 그래서 우리는 '주님'이라고 부르면서 아버지이신 성부와 아들이신 성자와 같이 성령도 믿고 찬미한단다.

하지만 성부와 성자와 성령 중에서 어느 하나를 선택해서 믿는 것은 아니야. 왜냐하면 이 세 분은 하나이면서 같은 분이시거든. 우리는 셋이면서 하나이신 하느님을 믿는 것이지. 그것이 바로 우리가 '삼위일체의 신앙'이라고 부르는 것이란다.

왜 하느님을 '우리 아버지'라고 부르죠?

밤이 돼서 방에서 불을 끄고 누워 조용해지면 누군가에게 하루 일을 이야기하면서 마음을 털어놓고 싶어져요. 단지 누군가가, 나를 사랑하는 사람이 내 이야기를 들어 줬으면 좋겠다는 생각이 들거든요. 그때 저는 그리스도인들에게 제일 큰 기도인 '주님의 기도' 첫마디를 중얼거리지요. "하늘에 계신 우리 아버지!"

이 기도문은 예수님께서 직접 하셨던 거래요. 예수님께서는 하느님을 그때 말로 "압바"라고 부르셨다는데 우리말로는 '아빠'라는 뜻이래요. 하느님을 "아빠"라고 부르면서 예수님께서는 하느님께서 당신을 아들로서 얼마나 사랑하셨는지를 우리에게 보여 주셨어요.

예수님께서 혼자만 하신 게 아니라 제자들도 같이 이 기도문을 외웠대요. 그래서 2,000년 전부터 모든 그리스도인들은 기도할 때 '하늘에 계신 우리 아버지'로 시작해요. 그리스도인들과 이 땅에 있는 모든 사람들이 하느님의 아들, 딸들이라고 믿기 때문이죠.

성령이 뭐예요?

당신이 누구신지 말씀해 주세요.
예수님께서 우리에게 말씀하셨거든요.
성령은 '어떤 것'이 아니라 '어떤 분'이라고.

성경을 펴보니까 첫 페이지부터 당신이 나오시더군요.
하느님의 힘과 하느님의 빛처럼 말이에요.
당신은 예언자들을 말하게 하고 왕들을 왕위에 오르게 하셨지요.
이사야 예언자의 이 말씀이 사실대로 예수님께 이루어졌고
저도 세례받은 이후에 그렇게 노래하지요.

예수님께서 우리에게 약속하신 대로
예수님께서 부활하신 지 일곱 번째 되는 주일날,
열두 제자들에게 당신이 오셨지요.
부드러운 바람처럼 오셔서 제자들이 온 세상을 다닐 수 있게 힘을 주셨고
뜨거운 불길처럼 오셔서 제자들이 세상 끝까지 사랑을 전할 수 있게 해 주셨지요.

오늘, 저는 당신을 더 잘 알고 싶고 당신에게 더 잘 기도 드리고 싶어요.
예수님과 하느님을 더 잘 알고 싶어요.
예수님의 아버지, 우리의 아버지 하느님을 더 잘 알고 싶어요.
그래서 당신을 갈망해요.
성령이여, 제 안에 오소서,
저희에게 오소서!

하느님께서는 세 분이세요?

그리스도인은 '성부와 성자와 성령의 이름으로' 세례를 받아요. 우리는 성부와 성자와 그리고 성령을 믿는 거죠. 그러니까 서로 다른 세 분이 계시는 거예요. 하지만 하느님께서는 세 분이 아니세요. 하느님께서는 우주의 창조자이시고 예수님의 아버지세요. 그리고 예수님께서는 스스로를 하느님 아버지라고 생각하지 않으셨어요. 예수님께서는 "아버지께서 나를 보내셨다, 나는 아버지에게로 돌아갈 것이다, 나는 아버지께 기도드릴 것이다"라고 말씀하셨어요. 또 예수님께서는 스스로를 성령이라고 생각하지도 않으셨어요. 예수님께서는 예수님과 성령은 서로 다른 분인 것처럼 우리에게 말씀하셨어요.

하지만 성부와 성자와 성령, 이 세 분은 사랑 안에서 완전히 일치되어 하나를 이루고 계세요. 성자와 성령은 성부와 함께 하나를 이루고 계시고, 성부와 성자는 성령과 함께 하나를 이루시고, 성자와 성부와 성령은 성자와 함께 하나를 이루고 계세요. 이렇게 세 분이 각자이면서 모두 함께 하나이신 거예요.

남편과 아내, 엄마와 아이가 서로 사랑할 때처럼, 우리가 서로 깊이 사랑할 때는 완전히 하나가 된다고 말할 수 있죠. 동시에 각자가 서로 다른 존재로서 서로를 사랑하며 찬미할 수 있어요. 하느님이 바로 그런 분이세요. 성부와 성자와 성령은 서로 다른 분이시면서 완전히 한 분이시거든요. 이렇게 '세 분'이면서 '하나'가 되어 '일치'를 이루시는 것을 우리는 '삼위일체'라고 말해요.

왜 하느님께서 이 땅에 직접 오지 않으시고 아들을 보내셨어요?

어떤 아버지가 뭔가 어렵고 위험한 일을 하러 아들을 보냈다면 그 아들이 무사히 돌아올 때까지 아버지는 걱정을 많이 할 거예요. 아들한테 무슨 일이 생길지 내내 염려하고 내내 아들 생각만 하면서 살 거예요. 아버지 자신이 위험에 처해 있는 것보다 더 고통스러울 테니까요. 그래서 사람들은 "아버지가 아들 걱정 때문에 병이 났군" 하고 말할 거예요.

그런데 예수님과 하느님께서는 보통의 아버지와 아들보다 훨씬 더 가깝고, 완전히 하나로 일치를 이루고 계세요. "나를 보는 사람은 내 아버지를 보는 것이다." "나와 아버지, 우리는 하나다"라고 예수님께서는 말씀하셨어요. 그러니까 우리에게 오신 분은 예수님이지만 아버지이신 하느님 역시 위험에 스스로를 내던지신 것이지요.

하느님께서는 아들이신 예수님을 보내시기 전에 다른 예언자들을 우리 인간에게 많이 보내셨어요. 그런데 예레미아처럼 많은 예언자들은 무시당하고 푸대접받았고, 이사야나 세례자 요한처럼 죽임까지 당한 분들도 있어요. 그래서 아마 하느님께서는 이렇게 생각하셨나 봐요. '아직도 인간들은 내가 자기들을 얼마나 아끼는지 모르는구나. 아무래도 내 아들, 내가 가장 아끼고 사랑하는 내 아들을 저들에게 보내야겠다. 그러면 저들이 나를 아무리 거절하고 뿌리쳐도 내가 저들이 쓰러지도록 그냥 내버려두지 않는다는 것을 이해하게 되겠지.'

하느님께서는 과학 발전에 대해 어떤 반응을 보이시나요?

수천 년 전에 우리 조상들은 불을 사용하는 방법을 발견했어요. 그래서 음식을 익혀 먹을 수 있게 되고 다른 많은 것을 할 수 있게 됐어요. 처음에는 직접 불을 지피는 방법을 몰랐기 때문에 불이 꺼지지 않게 계속 지키고 있어야 했죠. 아주 단순해 보이지만 이 발견은 정말 대단한 것이었죠.

우리 인간은 처음부터 아주 호기심이 많았어요. 우리 인간은 언제나 세상이 어떻게 돌아가는지 알고 싶어 하고, 낯선 일이 일어나면 그것에 대한 설명을 찾고 싶어 해요. 한 가지가 밝혀지고 발전하면 또 다른 하나가 발전해요. 불만 해도 그래요. 전에는 불씨를 간직하기도 어려웠는데 이제는 성냥 하나로 언제든지 한순간에 켤 수 있지요.

과학의 발전은 우리 인간들을 보다 더 잘살게 해 주고 하느님의 창조물인 세상을 더 잘 이해하게 해 주었지요. 그런데 왜 하느님께서는 과학에 반대하실 수도 있을까, 궁금하죠?

과학이 발전했지만 하느님의 신비는 여전히 그대로 남아 있어요. 아무리 거슬러 올라가도 세상이 창조되던 때로 갈 수는 없어요.

성경에는 하느님께서 당신의 창조물인 땅을 우리 인간에게 맡기시면서 더 아름답고 더 커지게 하라고 하셨다고 나와 있어요. 그리고 하느님께서는 우리가 이 땅을 망치지 않도록 끊임없이 경고하셨어요.

인간이 아마존 같은 숲을 계속 파괴하는 것은 정말 걱정스러운 일이에요. 과학자는 똑같은 양 두 마리를 복제해 냈는데 언젠가는 인간들도 그렇게 복제할지 몰라요. 그것은 정말 끔찍한 일이지요.

이런 것들은 무서운 일들이에요. 하느님 마음에 결코 들지 않을 거예요. 우리들은 과학의 발전을 좋은 쪽으로 쓰도록 지켜보고 경고해야 해요. 왜냐하면 우리 인간의 삶을 개선시키는 모든 지식은 하느님의 일, 하느님의 창조를 이어 가는 것이어야 하기 때문이에요. 그것이 바로 하느님께서 바라시는 것이에요.

하느님께서는 행복하신가요?

신사, 숙녀 여러분 안녕하십니까?
우리 〈1분 질문〉 방송 프로그램 시간에 시청자 한 분이 우리에게 "하느님께서는 행복하신가요?"라고 질문했습니다. 그래서 저희는 이 질문에 대답하기 위해서 하느님과 인터뷰를 하려고 했습니다. 하지만 온갖 수단 방법을 동원해도 하느님을 만날 수가 없었습니다. 교황님께 하느님의 주소를 가르쳐 달라고도 해 보고 전문가들에게도 물어보고 인터넷도 검색해 봤습니다. 하지만 아무것도 찾을 수 없었습니다. 주소조차도 찾지 못했습니다. 하느님께서는 일정한 거처가 없으시더군요. 시청자 여러분, 하느님께서는 나나 여러분과 같은 분이 아니신가 봅니다. 하느님도 우시냐고요? 소리 내어 웃으시냐고요? 고통스러워하시냐고요? 하느님께서는 우리랑은 정말 아주 다르신 분입니다!

그래서 저희는 이 질문을 바꾸어서 "당신은 행복하십니까?"라고 교황님께, 엠마누엘 수녀님께, 옆집에 사는 9살짜리 꼬마 피에르에게, 그리고 앞집 할머니와 빵집 주인에게 질문해 보았습니다. 그분들이 뭐라고 고백했는지 상상해 보세요. 그분들은 하느님과 가까이 있기 때문에, 그리고 그 사실이 자신들의 삶을 빛나게 하기 때문에 행복하다고 하시더군요.

친애하는 시청자 여러분, 이번에는 저희가 여러분에게 질문을 던지겠습니다. "하느님, 바로 그분 자체가 행복의 원천 아니실까요?"

악마가 하느님의 원수라는 게 사실이에요?

성경에 나오는 '악마'는 '둘로 나뉜 자'라는 말이에요. 악마는 사탄, 베엘제불 마귀라고도 불려요. 악마는 혼란의 씨를 뿌리고 우리를 악으로 내몰고 하느님으로부터 멀어지게 하지요. 그래서 하느님의 원수라고 불러요.

악마는 하고 싶은 것과 해야 할 것 사이에 벌어지는 우리 마음속의 싸움 같은 것이에요.

예수님께서는 전 생애 동안 악과 싸우셨어요. 하지만 예수님께서는 악보다 훨씬 강한 것, 아버지 하느님의 힘, 바로 하느님의 사랑을 지니고 계셨지요. 십자가에 매달리신 예수님께서는 모든 것을 잃은 것처럼 보이셨어요. 영원히 돌아가시는 것 같았어요. 하느님의 아드님께서 그렇게 돌아가시다니요! 하지만 아니에요. 돌아가신 지 사흘째 되던 날에 예수님께서는 부활하셨어요. 영원히 살아 계신 모습으로요! 악을 이기신 거예요.

예수님과 함께 우리도 악과 싸우고 예수님과 함께 승리할 거예요. 우리가 우리 두려움을 말하고 우리 문제들을 털어놓으면 하느님께서는 우리 이야기를 들어 주세요. 그래서 우리는 '주님의 기도'에서처럼 이렇게 기도해요. "저희를 유혹에 빠지지 말게 하시고 저희를 악에서 구해 주세요"

하느님께서는 정말로 좋은 분이세요?

이 지구를 불행으로 얼룩지게 하는 것들은 너무나 많아요. 전쟁, 굶주림, 다툼, 질병, 재난, 사고 등등 생각만 해도 비명이 나오고 눈물이 날 지경이에요. 그러니 어떻게 하느님께서 착하시다고 말할 수 있겠느냐고 따질 만하지요.

하느님께서 정말 착하시다면 우리가 고통을 피해 가게 해 주셔야 한다는 생각을 우리는 자주 하지요. 하느님께서 착하시다면 무엇보다도 우리를 기쁘게 살게 해 주시고 우리가 깊이 생각할 필요 없게 우리 삶을 척척 이끌어 주셔야 하는 거 아니에요? "오냐, 오냐" 하면서 아이가 해 달라는 대로 무조건 다 해 주는 마음씨 좋은 아빠처럼 우리 말을 무조건 다 들어 주시고, 한마디로 우리의 마법사가 되어 주셔야 하는 거 아니에요? 그런데 하느님께서는 우리한테 그렇게 안 해 주세요. 우리를 실망시키세요, 확실히.

하지만 하느님께서는 착하신 분이세요. 그런데 우리가 이해할 수 없는 방식일 때가 많아요. 그래도 그리스도인들은 그것을 믿지요. 그리스도인들이 다른 사람들보다 순진해서 그런 것은 아니에요. 그들도 불행을 보니까요. 하지만 단지 그리스도인들은 특히 인생이 아주 가혹하다고 느낄 때 하느님을 믿고 의지할 필요가 있다고 확신할 뿐이에요.

성경 전체에서 하느님께서는 우리를 사랑하신다고 말씀하고 계세요. 하느님께서는 우리를 사랑하시기 위해 창조하셨어요. 그리고 그 말씀을 우리에게 하시려고 아드님이신 예수님을 보내셨어요. 예수님께서는 우리 편에 서서 고통을 견뎌 내셨어요. 그리고 또 우리 편에 서서 악이 물러나게 하셨어요. 왜냐하면 예수님께서는 악을 이겨 내는 유일한 방법은 '서로 사랑하는 것'이라는 것을 우리에게 가르쳐 주셨으니까요. 하느님께서는 우리가 그렇게 하리라 믿으세요. 그렇게 함으로써 우리가 악과 싸워 물리치기를 원하세요.

예수님께서 우리에게 원하셨듯이 다른 사람들에게 착하게 해 봐요. 그러면 하느님께서 착하시다는 것을 우리는 알게 되고 우리를 통해 우리 주변의 다른 사람들이 그것을 이해할 수 있게 될 거예요.

하느님을 사랑하려면 어떻게 해야 해요?

어느 날 니콜라는 기도를 하다가 이런 질문이 떠올랐어요. '하느님께서 보이지도 않고 확실하지도 않은데 하느님을 사랑하기 위해서 뭘 어떻게 할 수 있단 말이지?'

그런데 그것은 별로 복잡하지 않은 것 같아요. 별다른 것이 아니어도 될 것 같아요. 예를 들어서 지금 나는 하느님께서 내 말을 듣고 있고 내가 하느님 말씀을 듣고 있고, 서로 이야기를 나눈다고 확신해요. 바로 그거예요. 기도! 기도는 하느님을 사랑하는 한 방법이거든요.

그리고 니콜라는 교리 공부 하러 갔다가 들은, 요한이 초기 그리스도인들에게 보낸 편지에 나오는 구절이 생각났어요. "'나는 하느님을 사랑합니다' 라고 말하면서 자기 형제를 미워하는 사람은 거짓말쟁이다. 보이는 자기 형제를 사랑할 수 없는 사람은 보이지 않는 하느님을 사랑할 수 없기 때문이다" 그래서 니콜라는 생각했어요. '내가 다른 사람들을 사랑하면 그것이 바로 하느님을 사랑하는 것이다. 결국 저는 제가 알지 못하는 순간에도 하느님께 많이 사랑받았다고 믿어요, 나의 하느님.'

⑦

믿는다는 것, 그것은 대단한 모험이에요!

하느님을 믿는 게 무슨 소용이 있죠?

참 재미있는 질문이군요!

하지만 나는 믿음이 무엇에 '소용' 된다고 말할 수가 없네요. 믿음이란 것은, 자동차는 여행하는 데에 소용된다거나 학교는 배우는 데에 소용이 된다는 식으로 말할 수 있는 게 아니거든요. 내가 하느님을 믿는 것은 편리하고 쓸모가 있어서가 아니니까요. 이 질문은 사랑하고 사랑받는다는 것이 무슨 쓸모가 있느냐고 물어보는 것과 같아요. 사랑하는 것, 그것은 아무것에도 소용없어요. 하지만 그것은 우리 인생을 바꾸어 놓지요.

하느님을 믿는 것도 마찬가지예요. 언뜻 보면 하느님에 대한 믿음 없이도 살아갈 수 있을 것 같기도 하지만 사실 그것은 내 모든 것을 바꾸어 놓는답니다. 그렇다고 그것이 모든 것을 가능하게 해 주는 무슨 마법의 약 같은 것은 아니에요. 하느님에 대한 믿음은 다른 사람들보다 더 똑똑하게 만들어 주지도 더 힘세게 만들어 주지도 않아요.

그렇지만 믿음 때문에 세상을 다른 눈으로 볼 수 있어요. 삶은 의미를 가지게 되고요. 나는 하느님께서 나에게 생명을 주셨다는 것을 믿어요. 그래서 하느님께 감사드리기 위해 뭔가 좋은 일을 하고 싶어요. 나는 하느님께서 나를 사랑하신다는 것을 믿어요. 그래서 나도 다른 사람들을 사랑하고 싶어요. 나는 하느님께서 나에게 사인을 보내신다고 믿어요. 그래서 그것들을 깨닫고 싶은 마음이 들어요.

어쨌든 하느님을 믿는다는 것은 적어도 산소처럼 나를 살아 있게 해 줘요.

하느님을 믿지 않는 사람들이 왜 있지요?

이 세상에는 하느님을 믿지 않는 사람들이 아주 많아요. 하느님에 대해서 이야기하면 그 사람들은 이렇게 말해요. "말도 안 돼. 만약 하느님이 있다면 이 모든 악들이 없어야지. 불공평이나 증오도 없어야지. 하느님이 있다면 죄 없는 어린아이들을 죽게 그냥 내버려둘 리가 없잖아!"

또 이 우주가 거대한 '슈퍼 컴퓨터' 같은 것이라고 생각하는 사람들도 있어요. 그래서 그런 사람들은 우리가 이 '슈퍼 컴퓨터'의 비밀 번호를 알아내기만 하면 이 세상을 설명하는 데에 하느님이 더 이상 필요하지 않을 것이라고 말해요.

또 어떤 사람들은 너무 바빠서 인생이란 마치 거대한 주사위 놀이 같다고 생각해요. 그런 사람들은 '난 하느님 따위는 관심 없어. 그런 건 아무짝에도 쓸모없는 시간 낭비야'라고 생각하면서 주사위 놀이판 위에서 한칸 한칸 옮겨 가듯이 정신없이 살아가요. 그리고 하느님에 대한 이야기를 전혀 들어 본 적이 없는 사람들도 아주 많아요. 그런 사람들은 마음속에 있는 불꽃이 너무 작아서 발견할 수가 없어요.

'하느님이란 존재하지 않는다.' 심지어는 '하느님이란 우리가 싸워야 할 적이다.' 이렇게 생각하는 사람들도 있어요. 이런 사람들은 성경이 전해 주는 메시지를 싫어하고 그것을 믿는 사람들을 박해하지요.

하느님을 믿지 않는 이유는 이렇게 다양해요. 믿음에 대한 목마름은 자동적으로 생기는 것이 아니에요. 때때로 수만 가지 것들에 눌려서 깊이 파묻혀 있는 그 목마름을 아주 천천히 발견하기도 해요. 그리고 하느님에 대해 거짓된 이미지가 얼마나 많은데요! 심술 궂고 복수하고 판단하고 인간을 자유롭지 못하게 하고 인간보다 앞서서 모든 것을 결정해 버리는 그런 하느님을 도대체 누가 원하겠어요? 그런 하느님은 그리스도인들이 믿는 하느님이 아니에요.

왜 모든 사람들이 같은 종교를 갖고 있지 않는 거예요?

루이스는 그리스도교 신자예요. 그리고 루이스네 반의 사무엘은 유대교 신자이고 유수프는 이슬람교 신자예요. 사무엘과 유수프의 부모님은 하느님을 믿고 자신들이 하느님에 대해 알고 있는 것을 자식들에게도 전해 주기로 결정하셨어요. 루이스의 부모님은 루이스가 아직 아기였을 때 루이스가 세례를 받게 해야겠다고 마음먹었어요. 그래서 지금 루이스는 다른 아이들하고 같이 성당에 다니면서 교리를 배워요.

루이스는 부모님들께, 사무엘과 유수프하고 같이 놀고, 같이 하는 것들이 많은데 왜 자기는 그리스도인이고 그 친구들은 그리스도인이 아니냐고 여쭤 봤어요. 사실 모든 사람들이 같은 종교를 가지고 있는 것은 아니지요. 우리는 각자 긴 역사를 지니고 있는 어느 나라, 어느 가정에서 우연히 태어났어요. 어떤 민족들은 모세나 마호메트처럼 아주 특별한 분들과의 만남을 통해 하느님과 함께 사는 방법, 기도하는 방법이 달라졌는데, 유수프하고 사무엘은 바로 이 민족들의 후손이에요. 그래서 그들은 예수 그리스도는 믿지 않지만 그들이 살아가는 삶은 하느님께 역시 중요해요.

아마 어느 날 그들이 함께 이야기를 나눈다면 루이스는 그들에게 예수님에 대한 자신의 신앙에 대해 이야기할 거예요. 자라면서 루이스와 사무엘과 유수프는 자신들이 어떤 방식으로 하느님과 함께 계속 살아 나가기를 원하는지를 확인해야 할 거예요. 그리고 각자 다른 사람들의 선택을 존중하는 법을 배우게 되겠지요.

왜 종교 전쟁이 있어요?

인류의 역사는 길지요. 인간들은 불이나 도르래, 문자와 같이 아주 멋진 발명과 발견들도 했지만 전쟁과 같이 끔찍한 것도 만들어 냈어요.

인간이 떠돌이 유목 생활을 그만두고 한자리에 정착해서 농사를 짓고 가축을 기르기 시작하면서부터 인간은 땅을 한 조각이라도 더 차지하려고 서로 싸우기 시작했어요. 그리고 나서는 그 땅을 유지하려고 또 계속 싸웠어요. 그리고 나서 또 이런저런 이유로, 특히 주로 돈이나 권력 때문에, 그리고 때로는 종교라는 이름으로 전쟁을 일으켰어요. 오늘날도 계속해서 종교를 이유로 내세우며 이웃 나라 사람들과 싸우고 또 자기 민족들끼리도 서로 죽여요.

하지만 이 모든 갈등과 전쟁의 진짜 이유는 힘으로 자신의 법을 강요하려는 욕심 때문이에요. 그런데 팔레스타인의 예수님이나 인도의 간디나 미국의 마틴 루터 킹과 같은 분들은 무기와 폭력 없이도 서로를 이해하게 할 수 있다는 것을 보여 주셨어요.

세례를 받지 않고도 하느님을 믿을 수 있나요?

루도비코한테는 아말이라는 친구가 있는데 아말은 이슬람교도예요. 이슬람교도들은 하느님은 믿지만 세례는 받지 않아요. 세례는 그리스도인들이 받는 거예요. 루도비코의 삼촌 파트릭도 세례를 받지 않았어요. 파트릭 삼촌은 어떤 종교도 가지고 있지 않아요. 하지만 루도비코가 "삼촌, 삼촌은 하느님을 믿어요?"라고 물었더니 파트릭 삼촌은 "그럼, 얘야. 교회나 사원에 가지 않고도 믿음을 가질 수 있단다." 하고 대답하셨어요.

루도비코는 이해가 잘 안 됐어요. 세례를 받으면 신자가 되는 것이라고 들었으니까요. 그럼 아말과 파트릭도 정말 믿음이 있는 거예요? 같은 하느님을 믿는 거예요?

맞아요. 세례를 받지 않고도 하느님을 믿을 수 있어요. 아말과 파트릭의 경우처럼 말이에요. 그렇다고 해서 그들의 신앙심이 더 약한 건 아니에요. 단지 루도비코처럼 그리스도인은 하느님만을 믿는 게 아니라, 예수님께서는 하느님의 아드님이시고 우리에게 그것을 알려주려고 오셨다는 것을 믿지요. 그리스도인들에게 세례는 하느님의 생명 속으로 들어오게 해 주는 것이에요. 우리는 독특한 방식으로 하느님의 아드님이신 예수님에 의해 하느님과 연결되어 있답니다.

저는 신자예요. 하지만 천국이 있다고 믿지 않아요. 그래도 되나요?

천국이 있다고 믿기가 어려울 거예요. 여러분 머릿속에 떠오르는 천국의 이미지가 있을 텐데 그런 모습의 천국이 존재한다는 것은 불가능하다는 생각이 들 테니까요.

우리들은 각자의 방식대로 천국을 꿈꿔요. 서로 사랑하시는 부모님, 바닷가에서 보내는 멋진 오후 한나절, 멋진 이야기들……. 인생에서 우리를 행복하게 해 주는 모든 것들을 끌어모아서 상상해 보지요. 성경에도 하느님께서 약속하신 삶을 느끼게 해 주는 이미지들이 많이 나와요. 사막에서 만난 아주 시원한 샘물, 잔치나 향연 같은 이미지들이요.

우리가 살아 있고 사랑받는다는 것을 느끼며 행복에 젖어 하느님과 함께 사는 날을 꿈꿀 수 있어요. 그것이 바로 그리스도인들이 믿는 천국이지요. 하느님과 함께 그리고 우리가 사랑한 모든 사람들과 다시 만난다는 것은 얼마나 멋진 일일까요? 때때로 우리가 살고 있는 바로 이 순간에 하느님 안에서 작은 행복을 맛볼 수도 있어요. 우리는 그 순간이 영원히 지속되기를 바라지요.

성경은 실제로 있었던 역사 이야기예요?

성경은 역사학자가 세상이 창조되었을 때부터 일어난 모든 사건들을 순서대로 이야기하려고 쓴 책이 아니에요. 성경은 73권의 책을 모아 엮은 아주 커다란 책이에요. 마치 전집 같은 거예요. 이 전집의 첫 번째 부분은 '구약'이라고 하는데 아주 오래된 유대인들의 역사책이에요. 두 번째 부분은 '신약'이라고 하는데 그리스도인들이 나중에 덧붙인 것이지요.

이렇게 거대한 전집인 성경 속에는 『다윗 왕 이야기』 같은 역사적 이야기도 있고 『아가서』같이 아름다운 찬송가도 있고 『창세기』같이 세상이 창조되던 칠일 동안의 이야기를 다룬 시도 있어요. 또 『시편』과 같은 기도문도 있고 『잠언』이나 『사도 바오로의 편지』 같이 어떻게 살아가야 하는지를 가르쳐 주는 글도 있고 법률집들도 있어요.

성경에 있는 이 모든 글들은 하느님과 인간을 잘 이해할 수 있게 해 주는 것들, 진실하고 우리에게 중요한 것들을 이야기하고 있답니다. 성경을 쓴 사람들은 거짓말쟁이가 아니라 하느님께서 뒷받침해 주고 이끌어 주시는 대로 진실을 썼어요. 성령에 의해 쓴 것이지요.

그런데 성경에 나오는 글들 중에서 역사적 사건에 대한 부분들은 정말 사실일까요? 그 사건들은 모두 실제로 일어났던 일들일까요?

성경을 썼던 분들을 오늘날 역사가들처럼 생각하면 안 돼요. 오늘날 역사가들은 아주 자세한 것들까지 하나하나 꼼꼼하게 확인하고 오랫동안 조사하지요. 하지만 예를 들어 복음서를 쓰신 분들은 예수님께서 재판받는 부분에 대해 쓸 때 가장 중요한 것을 우리에게 잘 이해시키기 위해 세부적인 것들은 간단하게 쓰거나 약간 바꾸어 쓰기도 했어요.

왜냐하면 그분들에게 중요한 것은 사건의 전개 자체가 아니라 어떤 일이 일어나든지 결코 하느님께서 우리를 버리시지 않는다는 것을 보여 주는 것이었으니까요. 하느님께서는 언제나 당신 백성을, 우리를 구원하시기 위해 애쓰신다는 것을 보여 주고자 했던 거예요.

바로 이것이 '진실한 이야기'이고 이 이야기는 지금도 계속되고 있지요.

🕊 성경에 나오는 비유들은 진짜 있었던 이야기인가요? 아니면 예수님께서 만들어 내신 이야기인가요?

그 시대에 팔레스타인에 살던 다른 모든 사람들처럼 예수님도 천천히 생각을 하면서 이야기하는 것을 좋아하셨어요. 특히 예수님께서는 아주 단순한 이야기나 비유를 들어 이야기하시는 것을 좋아하셨어요. 예수님께서는 사람들이 잘 이해할 수 있도록 우화를 만들어 이야기하시곤 했어요.

이런 우화들은 실제로 있었던 사실은 아니지만 하느님에 대한 진실을 알려 주는 이야기들이에요. 하느님께서는 우리하고 너무 달라서 설명하기가 쉽지가 않거든요. 그래서 예수님께서는 모든 사람들이 잘 이해할 수 있도록 이미지나 비유들을 사용해서 말씀하신 거예요. 우리들 각자가 거기에서 자신의 삶, 자신의 이야기를 찾아낼 수 있도록 말이에요.

예를 들어서 겨자씨의 비유를 생각해 볼까요? 예수님께서는 '하느님의 왕국'은 모든 씨 중에 가장 작은 겨자씨 한 알과 같다고 말씀하셨어요. 그 작은 겨자씨가 자라 나무가 되면 나무 중에 가장 큰 나무가 되어 새들이 거기에 둥지를 튼다고 말씀하셨어요. 멋지죠! 이 우화를 통해 예수님께서는 사람들에게 하느님의 사랑이 어떤 것인지 알게 하고 싶으셨던 거예요. 아주 보잘것없는 것으로부터 시작돼서 점점 커지는 사랑 말이에요.

예수님께서 드신 비유나 우화들은 우리가 새롭고 어마어마하고 진실한 것들을 이해할 수 있도록 도와주지요.

예수님께서는 아직도 기적을 일으키세요?

예수님께서는 살아 계실 때 갈릴래아 지방을 돌아다니시면서 회당에서 사람들을 가르치시고 하느님 나라를 알리고 수많은 병자들과 불구들을 낫게 해 주셨어요. 그런데, 오늘날에도 계속해서 그런 기적들을 일으켜 주실까요?

기적, 즉 '미라클'이라는 말은 라틴어 '미라리'에서 온 말인데 그 말은 '우리를 깜짝 놀라게 하는 것', '우리를 감탄하게 하는 것'이라는 뜻이에요. 많은 사람들은 기적이란 '일어날 수 없는 일이 일어난 것'이라고 생각해요. 그래서 성 요한은 기적이란 말보다 '표시'라는 말을 더 좋아하셨어요.

예수님께서 하느님의 이름으로 이루신 불가능해 보이는 일들, 기적들은 아주 놀라운 '표시'라는 것이지요. 예수님께서는 아픈 사람들은 고치시고 죽은 자를 살리시고 하느님으로부터 멀어졌던 자들을 하느님께로 향하게 하셨으니까요.

오늘날에도 그런 일들이 일어난답니다. 예수님의 말씀을 받아들여 더 이상 사랑에 귀먹지 않게 된 사람들도 있고, 또 절름발이처럼 살던 인생을 자신의 발로 똑바로 살게 된 사람들도 있고, 신문 1면에 떠들썩하게 나오지 않았어도 몸의 병이 낫게 된 사람들도 있어요. 아마 이런 일들이 오늘날에도 예수님께서 우리에게 보여 주시는 '표시'일 거예요.

성모 마리아님이 정말 나타나세요?

프랑스의 피레네 산맥 깊숙한 곳에 있는 루르드는 1858년까지는 아무도 모르는 아주 작고 외진 마을이었어요. 그런데 어느 날 베르나데트라는 14살짜리 여자 목동 아이가 성모 마리아님을 보았지요. 마리아님은 베르나데트에게 19번이나 나타나셨고, 그 소문을 들은 사람들이 몰려왔지만 다른 사람들에게는 아무것도 보이지 않았어요. 어떤 사람들은 베르나데트를 미친 아이 취급했고 어떤 사람들은 베르나데트가 돈을 벌려고 거짓말을 한다고 생각했어요. 하지만 많은 사람들은 베르나데트의 말이 사실이라고 믿었어요. 그래서 오늘날 교회는 베르나데트를 성녀로 인정하고 루르드를 성지로 삼았어요.

이런 사건들이 있을 때마다 교회는 신중한 태도를 취해요. 신비스러워 보이는 사건마다 기적이라고 소리치며 인정하는 것은 아니에요. 진정한 영적 체험과 거짓말이나 환각을 식별하기 위해 오랫동안 신중하게 조사를 하지요.

성모님이 나타나신 것으로 인정받아서 루르드처럼 유명해진 곳들이 있어요. 그런 곳에는 수백만 명의 사람들이 찾아와 위안과 용기를 얻어 가기도 하고 아픈 사람들이 낫게 되는 일도 있어요. 그래서 그런 곳은 특별한 장소가 돼서 아주 먼 곳에서부터 신자들이 찾아와 함께 모여서 기도를 드리기도 해요.

내가 하느님을 믿는다고 사람들이 놀리면 뭐라고 말하죠?

사랑하는 플로르야,

내가 열 살 때 어느 날, 학교에서 선생님이 우리들에게 어느 한 인물에 대해 글짓기를 하라고 하셨어. 그래서 나는 예수님에 대해 썼는데, 그때 우리 반 애들이 다 나를 비웃고 놀렸었단다.

그 후로 20년이 지나서 나는 많은 사람들을 만나고 많은 생각을 하면서 자라 어른이 됐지. 지금은 하느님에 대한 내 신앙이 나 자신과 내 삶의 일부를 이루고 있다는 것을 알아. 마치 내 초록색 눈동자나 화 잘 내는 내 성격이 내 일부인 것처럼 말이야. 이 신앙이 없었다면 나는 진짜 나일 수가 없을 거야.

예수님께서 안 계신다면 난 조금 헤맬 거야. 예수님께서는 내가 모든 것을 털어놓을 수 있는 친구이고 나는 그분을 따르려고 애써.

물론 내가 믿는 것을 소리 높여 크게 말하는 것은 쉽지 않아. 나는 가끔 내가 할 수 있는 것은 하느님을 믿는 것뿐이라고 아주 단순하게 말하곤 해. 그 믿음이 내게 주는 힘에 대해 너에게 말해 주고 싶구나.

하지만 떠오르는 질문들에 대해서도 이야기해 주고 싶어. 만약 우리 반 친구들이 나를 다시 보게 된다면 내가 그 애들이 놀린 것을 기억하고 있다는 것을 알고 놀랄 거야. 하지만 난 그 애들을 벌써 다 용서했단다.

사랑을 담아,
너의 대모, 안느가.

왜 다른 사람들을 사랑하는 것이 하느님을 사랑하는 것이라고 해요?

산들바람처럼 기분이 날아갈 듯 좋고 상쾌해서 모든 것이 사랑스럽고 이 세상 전부를 사랑하고 싶은 날이 있는가 하면, 살을 에는 매서운 찬바람처럼 마음이 무겁고 답답해서 사랑조차 고달프게만 느껴지는 날도 있지요. 늘 모든 사람들을 사랑한다는 것은 어려운 일이에요. 특히 우리를 사랑하지 않는 사람을 사랑한다는 것은 정말 힘든 일이지요.

예수님께서는 우리에게 원수까지도 사랑하라고 하셨어요. 왜냐하면 우리들 각자는 하느님께 사랑을 받으니까요. 예수님께서는 당신을 죽인 사람들까지도 기꺼이 사랑하셨고 오히려 하느님께 그들을 용서해 달라고 기도하셨어요. 말도 안 되죠. 그렇게까지 사랑하실 수 있다니! 하느님께서는 마치 사랑에 미치신 것 같아요.

이상하게 보일지 모르겠지만 그리스도인들에게 하느님을 사랑한다는 것은 다른 사람들을 사랑하기 위해 모든 것을 한다는 뜻이에요. 가난한 사람들을 위해 자신의 삶을 전부 바친 빈첸시오 성인이나 추운 겨울날 불쌍한 사람에게 겉옷을 주었던 마르티노 성인 같은 분들은 그것을 이해하셨던 거예요. 그것은 아마 사랑이 하느님의 가장 아름다운 선물이기 때문일 거예요. 그것은 우리가 살아가는 동안 날마다 다른 사람들에게 베풀어 줄 수 있는 선물이지요.

점성술을 믿어도 돼요?

옛날에 하늘을 관찰하기 시작했을 때부터 사람들은 점성술을 믿어 왔어요. 사실 점성술은 과학적으로는 근거가 없는 것이지만 옛날 사람들은 하늘에 있는 것들과 인간 사이에는 어떤 관계가 있다고 믿어 왔어요.

'점성술'은 '별에 대한 이야기'라는 뜻인데, 5,000년 전에 메소포타미아인들이 발명해 낸 거예요. 그들은 1년 동안의 해의 움직임을 관찰했어요. 그리고 행성들의 위치와 유성들의 이동 경로, 그들 머리 위에서 밤낮으로 일어나는 모든 것들을 관찰했어요. 동시에 그들은 세상에서 일어나는 모든 것들, 지진, 홍수, 화산 폭발, 그리고 인간의 역사에서 일어나는 큰 사건들을 기록했어요. 그리고는 계산을 하고 하늘의 지도를 그렸어요. 그렇게 해서 점성술이 태어났어요. 그래서 사람들은 자신이 태어난 날의 별들의 위치를 살펴보면서 매일 자신의 운명, 자신의 미래를 알 수 있게 됐어요. 따라서 메소포타미아 사람들에게 점성술은 그들의 삶을 더 잘 이해할 수 있도록 도와주시기 위해 하느님께서 주신 선물이었어요.

오늘날 이 세상 사람들의 절반이 별들이 그들의 삶에 미치는 영향력을 믿어요. 하지만 미래를 알 수 있는 것은 하느님뿐이에요. 점성술이 우리에게 미래를 가르쳐 주지는 못해요. 토마스 아퀴나스 성인은 "지혜로운 사람은 자신의 별을 지배하고 어리석은 사람은 자신의 별에 지배를 당한다"고 말씀하셨어요.

여러분이 되고 싶은 것을 고르기 위해서는 여러분의 있는 그대로의 모습으로, 태어날 때부터 여러분에게 주어졌던 것으로 충분해요. 그리고 또 다른 사람들의 모습을 통해 여러분은 더 풍요로워질 수 있고 여러분의 삶을 엮어 나갈 수 있어요. 그렇게 하는 데에 점성술은 필요 없겠죠?

왜 신자들 중에서도 전쟁을 일으키는 사람들이 있는 거예요?

저는 1939년에서 1945년 사이에 있었던 전쟁에 관한 책을 한 권 읽었어요. 주인공 이름이 빅토르였어요. 나랑 이름이 똑같지 뭐예요! 전쟁이 일어났을 때 빅토르는 아홉 살이었어요. 나도 지금 아홉 살인데! 빅토르는 성당에 다녔는데 주일학교에서 교리를 가르쳐 주시던 신부님을 아주 좋아했대요. 신부님께서 오토바이를 가지고 계셨거든요.

그런데 전쟁이 일어나자 신부님이 성당 사람들을 놔두고는 떠나셨대요. 어디로 가셨느냐고요? 글쎄, 군인이 되어 전쟁터로 나가셨다지 뭐예요! 저는 이해가 안 돼요. 신자들은 쉽게들 말하잖아요. 내가 여러분을 사랑하듯이 여러분도 서로 사랑하세요. 어쩌고저쩌고! 이렇게들 말하잖아요. 그런데 의견이 안 맞는다고 서로 총을 들이대다니요?

할아버지께 여쭤 봤더니 이렇게 설명해 주셨어요. 할아버지도 2차 세계 대전 때 전쟁에 참가하셨대요. 할아버지는 전쟁이나 폭력이 이 세상에서 완전히, 영원히 사라지지는 않을 거라고 하셨어요. 할아버지는 하느님을 믿으세요. 전쟁이 나자 할아버지는 전쟁터에 불려 나가셨는데 그때 할아버지께서도 나랑 똑같은 질문을 하셨대요. 그리고 할아버지께서는 우리 프랑스 사람들이 전쟁 때문에 고통을 당하고 있다는 것을 깨달으셨대요. 그리고 우리 프랑스인들이 자유를 잃어버리게 되는 것을 가만히 보고 계실 수 없었대요. 그래서 전쟁터에 나가셨대요. 물론 할아버지는 마음이 아주 무거우셨대요. 할아버지 눈앞에서 죽어간 독일 군인이 아직도 자꾸 생각이 나신대요. 하지만 한순간도, 단 1초도 적군을 미워한 적은 없으시대요. 할아버지는 평화를 지키기 위해 싸우셨다고 말씀하셨어요.

그리고 할아버지는 많은 사람들이 전쟁 때문에 너무 고통을 당했다고 말씀하셨어요. 그래서 오늘날에도 그 해결책을 찾기 위해 노력하고 있대요. 예를 들어 여러 나라들이 모여 '평화 유지군'을 만들었대요. 유엔의 도움으로 평화 유지군은 전쟁 중인 나라의 사람들을 보호하고 평화를 지키기 위해 노력하고 있대요.

할아버지 말씀을 듣고 조금 이해가 됐어요. 하지만 할아버지께서 겪으신 전쟁 이야기를 해 주실 때 할아버지 눈을 보면서 저는 이제는 더 이상 아무도 전쟁 따위는 하지 않았으면 좋겠다는 간절한 바람이 생겼어요.

8

그리스도인의 선택

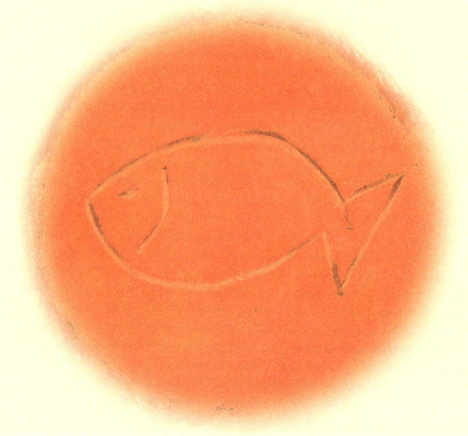

예수님께서 돌아가신 지 2,000년이 지난 지금까지, 어떻게 계속해서 그리스도인들이 있을 수 있나요?

2,000년 전에 한 사람이 있었어요. 금방 잊혀질 수도 있었던 이야기지요. 그 시대에는 신문도 없었고 텔레비전도 없었으니까요. 그 사람은 적들로 가득한 작은 나라에서 살았어요. 가난했고 젊어서 죽었어요. 최후의 노예처럼 처형당했지요.

그 사람이 바로 '예수 그리스도'예요. 그때로부터 2,000년이 지난 지금 이 세상 삼분의 일의 사람들이 그의 이름을 알고 그의 이름을 마음에 품고 살아요. 그 사람들이 바로 '그리스도인', '그리스도교 신자'예요. 도대체 어떻게 그런 일이 가능한 걸까요?

그래요. 그 사람, 예수님이라는 분은 상상할 수 없는 삶을 사셨어요. 영원히 죽음으로부터 벗어나셨지요. 그래서 그분 친구들은 그분이 하느님의 아드님이시라는 것을 깨달았지요. 그분 덕분에 이제는 죽음이 이 세상의 끝이 아니게 되었어요.

예수님의 제자들은 이 기쁜 소식을 온 땅에 전했어요. 많은 사람들이 그 복음을 전하느라고 목숨을 바쳐 순교까지 했지요. 그리고 그 사람들의 증언 덕분에 다른 사람들은 예수 그리스도를 믿는 것이 가치 있다는 것을 깨닫게 되었어요.

수세기 동안 그리스도교 신자들은 성령을 받아 이 신앙을 보물처럼 전해 내려왔어요. 물론 쉽지는 않았지만요. 그래서 이 신앙은 여러분의 부모님, 주일학교 교리 선생님, 친구들 그리고 여러분에게까지 전해지게 된 거예요. 마치 기다란 인간 사슬처럼 이렇게 사람에서 사람으로 신앙이 이어져 내려온 덕분에 여러분은 그리스도인이 되기를 선택할 수 있었던 거예요. 그리고 모든 어려움과 역경에도 불구하고 이러한 인간 사슬은 계속될 거예요.

왜 예수님께서는 제자들을 부르셨나요?

예수님 시대에는 제자가 '토라'라는 모세 오경(성경에서 제일 처음 나오는 다섯 부분)을 혼자서 해석하고 설명할 수 있게 되면 '랍비'로 인정하고 그때부터 그도 스승이 되었어요. 하지만 랍비가 되기 전에 '지혜로운 사람'을 선택해서 그의 제자가 되기도 했어요. 그래서 스승의 모범을 따라 회당에서 걷은 돈을 가난한 사람들에게 나누어 주기도 했어요. 과부가 가축을 돌볼 수 있게 도와주기도 하고 병자들을 보살펴 주기도 했어요. '지혜로운 사람'은 제자들을 모아 성경을 설명해 주고, 함께 기도하고 함께 식사를 하고 돈도 공동으로 썼어요.

그런데 예수님을 따랐던 제자들은 이런 제자들하고는 좀 달라요. 우선 제자들이 예수님을 스승으로 선택했던 것이 아니라 예수님께서 제자들을 부르셨거든요. 예수님께서는 시몬, 안드레아, 야고보, 요한을 예수님의 첫 번째 제자로 선택하셨어요. 그들은 학생도 아니었고 미래의 랍비도 아니었어요. 갈릴래아 호수에서 물고기를 잡는 어부들이었어요. 그리고 예수님께서는 그들에게 모세 오경을 설명하는 법을 가르쳐 주신 것이 아니라 하느님께서 말씀하신 대로 사는 법을 가르쳐 주셨어요. 또 다른 점은 예수님을 따르는 사람들 중에는 여자들도 있었다는 거예요. 그 시대의 '지혜로운 사람'들은 여자를 제자로 두는 법이 없었는데 말이에요.

예수님께서는 당신을 따르려면 부와 명예와 집, 그리고 심지어는 자기 가족까지도 버리고 예수님을 따라 예수님처럼 살아야 한다고 말씀하셨어요. 그들을 보고 사람들이 하느님의 사랑을 발견할 수 있도록 세상의 빛과 소금이 되어야 한다고 말씀하셨어요.

제자들은 예수님과 함께 보고 듣고 느낀 것을 다른 제자들에게 전했고 그래서 오늘날까지 복음이 이어져 내려오고 사람들은 이렇게 선포하는 거예요. "마음이 가난한 사람들, 온유한 사람들, 마음이 깨끗한 사람들, 정의에 목마른 사람들, 평화를 이루는 사람들은 행복하다. 하느님의 나라가 그들의 것이다!"

만약 제가 인도에서 태어났다면 그래도 그리스도인이 될 수 있을까요?

막스야,

너의 긴 편지 잘 받았단다. 네가 인도에서 태어났다면 그리스도인이 될 수 있었느냐고? 왜 안 되지? 우리가 믿는 종교는 우리가 어디에서 태어났는지, 어디에 사는지와 상관없단다. 예수님의 첫 제자인 열두 제자들 중에 바르톨로메오와 토마스가 2,000년 전에 인도에 복음을 전했다는 것을 너는 아마 알 거야.

물론 인도에 사는 대부분의 사람들은 힌두교 신자라서 비슈누와 시바의 말씀을 따르고 다른 여러 신들을 믿지. 또 다른 많은 인도 사람들은 불교 신자라서 예수님보다 5세기 전에 사셨던 부처님의 가르침을 따르지. 또 어떤 사람들은 이슬람교 신자라서 마호메트가 쓴 코란을 받들지. 그리고 아주 적긴 하지만 그리스도교 신자들도 있어. 인도의 봄베이에서 거리에 버려진 아이들을 돌보는 그리스도교 신자들을 나는 만났었단다. 복음대로 사는 데에는 국경이 없단다. 어디에 사는 사람이든지 복음을 듣고 믿고 세례를 받을 수 있은 거란다.

막스야, 네가 아기였을 때 너희 부모님이 네가 세례를 받게 하셨기 때문에 너는 그리스도교 신자가 되었어. 하지만 그리스도인으로 살지 아닐지를 선택하는 것은 바로 너 자신이야. 나는 네가 이미 이런 모든 것에 대해 깊이 생각하고 있다고 네 편지 속에서 느꼈단다.

너의 대부, 올리비에가.

그리스도인이 되려면 왜 세례를 받아야 하는 거죠?

- 안녕하세요, 르네 씨. 우리 〈라디오 2000〉 프로에 함께해 주셔서 감사합니다. 르네 씨는 이제 26살이시죠? 8일 후에 세례를 받으신다고 하셨는데, 왜 세례를 받기로 마음 먹으셨는지요?

- 네, 안녕하세요. 그리스도인이 되고 싶어서지요. 저는 교회의 신앙 속으로 깊이 들어가고 싶어요.

- 언제부터 그런 생각을 하시게 되었나요?

- 2년 전부터요. 제 대부님 덕분이지요. 2년 전에 저는 예비 신자로서 그리스도인들의 공동체에 받아들여졌고 그리스도인의 표식인 십자가 표시를 받았지요.

- 앞으로 있을 세례식 과정이 어떻게 되는지 말씀해 주시겠어요?

- 저희는 함께 복음을 들을 거예요. 그리고 나서 신부님은 저희 머리 위에 손을 얹어 성령이 오시기를 기도해 주실 거예요. 그러면 저희는 큰 소리로 저희 믿음을 고백할 거예요. '하느님께서는 우리의 아버지시고 예수님께서는 우리의 형제이시며 성령께서 우리와 함께 머무신다'는 믿음을 고백하는 거지요.

- 그렇게 해서 르네 씨는 그리스도인이 되겠다고 약속을 하시게 되는 것이군요.

- 네, 그래요. 하지만 저를 위해 약속을 해 주시는 분은 바로 예수 그리스도님이세요. 신부님께서 저에게 세례의 물을 부어 주실 때 저는 그리스도의 죽음과 삶 속으로 들어가게 될 거예요. 예수님께서는 제 존재의 가장 깊숙한 곳에 들어오셔서 죽음을 물리쳐 주시고 하느님께서 주시는 새로운 생명 속으로 이끌어 주셨거든요. 그러니까 세례는 저를 새 생명으로 연결해 주는 거예요.

예수님과 함께 제 안의 죄는 죽고 저는 구원받아서 완전히 새로운 모습으로 거듭나 하느님의 사랑받은 자녀가 되는 거예요.

─그리스도인이 되려면 세례를 꼭 받아야 하나요?

─네. 우리는 예수님을 그저 하나의 모델로 삼고 따를 수도 있어요. 하지만 세례는 우리를 예수님과 더 가깝게 결합시켜 주지요. 세례를 통해 우리는 예수님과 한가족, 한몸이 되고 진정으로 예수님을 믿고 의지할 수 있거든요.

─좋은 말씀 감사합니다, 르네 씨. 끝으로 바람이 있으시다면?

─제 신앙이 더 크고 강해지는 거예요. 세례는 시작일 뿐이거든요. 그리고 다른 사람들이 신앙을 가질 수 있도록 도와주고 싶어요. 예수님께서는 이렇게 말씀하셨거든요. "온 세상 사람들에게 가서 그들이 성부와 성자와 성령의 이름으로 세례를 받도록 하라."

대부님과 대모님은 무슨 역할을 하시는 거죠?

어린 에티엔느는 자신의 대모 스테파니와 함께 대모가 무슨 역할을 하는지에 대해 이야기를 나누고 있습니다.

─대모님, 대모님은 제가 세례받을 때 대모님이 되어 주셨잖아요. 그런데 신데렐라 이야기에 나오는 대모님은 호박도 마차로 바꾸고 막 요술을 부리면서 뭐든지 할 수 있던데, 대모님도 그렇게 할 수 있어요? 아니면 대모는 뭘 해 주시는 건가요?

─에티엔느야, 난 요정이 아니란다. 그리고 내가 요정이 아닌 것이 너를 위해 더 낫단다. 얘야, 네가 세례를 받던 날, 나는 네가 그리스도인으로 성장하는 것을 도와주기로 약속을 했단다. 네게 신앙의 어머니가 되어 주겠다고 약속을 한 거지.

─그럼, 우리 부모님은요?

─부모님은 아이들에게 최초로 신앙을 보여 주는 분들이지. 예수님에 대해 말하고 기도하는 법을 가르쳐 주고 주일학교에 등록시키고 성당에 데려가고 하면서 말이야. 그리

고 대부, 대모는 대자하고 대녀들을 도와줄 수 있는 사람들이야. 모든 그리스도인들의 공동체적인 신앙을 갓 세례를 받은 사람들에게 보여 주는 거지.

-뭘 어떻게요?

-갓 세례받은 사람들을 따뜻하게 받아들여 주는 거야. 얘야, 넌 아직도 아기란다. 네가 세례를 받던 날, 우리는 증인이 되어 같이 큰 소리로 신앙을 고백하고 네가 그리스도를 발견할 수 있게 도와주겠다고 너에게 약속을 했던 거란다.

-그럼 만약 내가 아이가 아니고 어른이었다면요?

-네가 어른이었다면 예수 그리스도를 따르겠다고 네가 직접 스스로에게 약속을 하고 우리는 네가 잘 준비할 수 있도록 너를 도와주었겠지. 하지만 어른들도 세례식 때 대부, 대모가 필요하단다.

-선물을 줄 사람이 필요하니까요?

-그건 대자나 대녀에게 사랑을 표현하는 한 방법일 뿐이란다. 그게 전부는 아니야. 다른 방법들도 있지.

-맞다! 대모님은 나한테 자주 전화하시잖아요!

-그래. 그리고 너를 위해 기도도 하지.

-정말요?

-물론이지! 대자나 대녀는 대부, 대모한테 아주 중요하단다.

-아, 그럼 요술 지팡이 없어도 괜찮아요!

3 '첫 신앙 고백'을 잘하려면 어떻게 해야 하죠?

'첫 신앙 고백'은 너에게 아주 큰 축제가 될 거야. 세례식 때, 그리고 첫 영성체 때처럼 말이야.

너는 이제 네가 생각하는 것, 네가 믿는 것을 말할 수 있을 만큼 자랐어. 그러니까 이제 너는 네가 그리스도와 한가족이고 하느님을 믿으며 하느님 아버지와 예수님과 성령께 대한 믿음을 계속 키워나가고 싶다고 다른 신자들 앞에서 큰 소리로 말할 수 있어. 네가 세례를 받을 때는 아기였지만 이제 혼자서 너 자신의 신앙을 고백할 수 있게 된 거지.

그런데 이 축제를 위해서는 준비를 잘해야 한단다. 일단 '나의 신앙 고백 공책'을 한 권 마련하렴. 그리고 1장에는 '실행'이라고 쓰고 축제 때 누구를 초대할지 언제 어디에서 축제를 할지를 쓰렴. 2장은 '회상'이라고 쓰고 가족들에게 물어봐서 '첫 신앙 고백'에 대한 가족들의 경험담을 적어 봐. 그리고 나서 3장 '저는 믿습니다'를 시작하는 거야. 거기에는 네가 하느님을 발견하고 하느님과 친구가 되는 데에 도움이 되었던 말들, 생각들을 적어 보렴. 4장에는 '기도'에 대해 쓰는 걸 잊지 말으렴. 거기에 네가 좋아하는 기도문이나 직접 만든 기도들을 적으면 아주 아름다운 부분이 될 거야. 마지막 장은 '피정'이라고 쓰고 지금까지 준비를 하면서 너에게 강하게 떠올랐던 생각들을 적어 보렴. 그리고 나서 친구들에게 그 책에 사인을 해 달라고 하는 거야.

'첫 신앙 고백'을 하는 날, 너는 아마 세례식 때처럼 흰옷을 입고 흰 초를 들겠지. 그 초의 불빛은 부활절 날 밤에 켜는 초처럼 죽음에 대한 예수님의 승리를 상징하는 것이란다. 그리고 그 불빛이 앞으로 네가 살아가는 동안 그리스도인으로서 네가 가야 할 길을 밝혀 줄 거야. 축하해!

왜 '그리스도인이 바로 교회다'라고 하는 거예요?

'교회'라는 말에는 두 가지 뜻이 있어요. 교회는 '모임'을 뜻하는 그리스 말에서 온 것인데, 영어나 프랑스 말에서 소문자로 시작하는 교회와 대문자로 시작하는 교회는 서로 뜻이 좀 달라요.

소문자로 쓰는 교회는 그리스도교 신자들이 같이 모여서 미사를 드리고 기도를 드리는 건물을 말하는 거예요. 보통 가톨릭에선 성당, 개신교에선 교회, 이슬람교에선 사원, 유대교에선 회당이라고 하지요.

대문자로 시작하는 교회는 '그리스도 공동체'라는 뜻이에요. 이것은 예루살렘에서 시작된 것이에요. 예수님의 제자들이 오순절 날 모여서 기도를 하다가 갑자기 성령을 받아 온 이스라엘 사람들에게 "여러분이 십자가에 못 박은 그 예수님을 하느님께서는 그리스도로 삼으셨습니다"라고 알리고 다녔는데 이때부터 시작된 '그리스도 공동체'를 말하는 거예요. "그리스도인이 바로 교회다"라고 할 때의 '교회'는 바로 대문자로 쓰여진 교회, 즉 '그리스도 공동체'를 뜻해요.

20세기가 지난 지금, '그리스도 공동체'는 예수님께서 살아 계신 구세주, 즉 그리스도라고 믿는 모든 사람들-남자, 여자, 아이, 모든 나라, 모든 민족들-이 이루는 공동체를 말해요.

그러니까 '교회 공동체'는 하느님께서 부르시고 모으신 모든 사람들을 말하는 것이지요. 하느님께서는 이 '교회 공동체' 안에 계시고 모든 그리스도교 신자들의 협력 안에서 활동하시지요. 이 공동체 안에서 사람들은 각자의 자리에서 자기 사명을 다하고 있어요. 예수님께서는 살아 계시고 하느님께서는 모든 사람들을 사랑하신다는 것을 알리는 사명 말이에요. 물론 그것이 쉽지는 않지만요.

미사를 드리는 사람들은 다 심각해 보이는데 왜 미사가 잔치라고 말하는 거예요?

레오는 '가족과 친척, 친구들이 모두 모여서 악기를 연주하고 춤도 추는, 마치 잔치나 축제처럼 정말 신나는 미사를 드리면 얼마나 좋을까' 하고 상상해 봐요.

물론 심각한 미사만이 유일한 방법은 아닐 거예요. 레오 말대로 미사는 사실 '잔치'예요. 왜냐하면 예수님께서 살아 계신다는 것을 기뻐하는 일이니까요. 미사를 통해 예수님께서는 우리에게 예수님의 말씀과 예수님의 몸을 주시니까요. 물론 이것은 좀 이해하기 어려운 신비스러운 것이지요. 그 참뜻을 이해하려면 시간이 걸려요. 하지만 어쨌든 미사에는 정말 뭔가 기쁜 것이 있답니다. 침묵과 묵상 속에서도 함께 기쁠 수 있거든요. 물론 아프리카에서는 미사 때 노래를 부르고 춤을 추기도 해요. 그런데 유럽에서는 보통 조용하고 엄숙하지요. 하지만 진지하면서도 행복할 수 있잖아요?

그런데 레오는 미사 때 사람들 표정이 어둡고 분위기가 딱딱해서 지루한가 봐요. 그럼 레오는 다른 신자분들이나 친구, 부모님, 주일학교 선생님들이나 신부님께 그 이야기를 할 수도 있지 않을까요? 그래서 사람들을 좀 더 반갑고 따뜻하게 맞이할 수 있는 방법을 찾을 수 있지 않을까요? 독서를 맡는다든지 성가대에 들어간다든지 하면 어떨까요? 멋진 잔치를 하려면 이것저것 준비할 게 많거든요. 그리고 무엇보다도 잔치를 즐기려면 자기부터 준비가 잘 되어 있어야겠죠? 일주일 동안 예수님 생각을 하면서 잘 준비하는 사람들에겐 주일 날 미사가 더 행복한 잔치가 될 거예요.

미사 때 먹는 빵을 왜 그리스도의 몸이라고 해요?

미사 때 영성체를 받아 모시려고 신자들이 손을 내밀면 신부님이 '빵'을 들어 올려 보여 주시면서 "그리스도의 몸" 이렇게 말씀하시죠. 그럼 신자들은 "아멘" 하고 대답하면서 '빵'을 받아요. '아멘'은 '사실입니다', '우린 그것을 확신해요' 라는 뜻이에요.

예수님이 돌아가시기 전날 밤, 예수님이 체포되시기기 직전, 성 목요일부터 이 의식은 시작됐어요. 예수님은 제자들과 함께 유대인들의 축제인 과월절을 지내며 식사를 하셨는데 음식을 나누기 전에 늘 하던 대로 하느님께 기도를 바쳤어요.

예수님께서는 두 손에 빵을 드시고는 쪼개어 제자들에게 나누어 주시면서 이렇게 말씀하셨어요. "너희는 이것을 받아먹어라. 이는 내 몸이다." 그리고 나서 저녁을 잡수시고 같은 모양으로 잔을 드시고는 "너희는 모두 이것을 받아 마셔라. 이는 내 피의 잔, 내 생명이다."

제자들은 나중에야 그날 밤 예수님께서 하신 말씀의 의미를 깨달았어요. 예수님께서 당신의 생명을 아낌없이 내주시고자 했다는 것을 제자들은 예수님께서 부활하신 후에야 깨달았어요. 예수님은 당신의 생명, 당신의 전부를 온전히 하느님께 바쳐 우리 모두를 위해 내주고자 하셨어요. 말 그대로 우리가 당신 생명을 '받아먹도록' 하셨던 거예요.

다음 날, 성 금요일에 사람들은 예수님께서 붙잡히셨다고 생각했지만, 사실 그것 역시 예수님께서 스스로 택하신 일이에요. 생명까지도 다 바치기로 마음먹으셨으니까요.

성 목요일에 만찬이 끝날 무렵 예수님께서는 "너희는 나를 기억하여 이를 행하여라" 라고 덧붙여 말씀하셨어요. 그래서 그리스도인들은 그날부터 그 마지막 날 만찬 때 예수님께서 하셨던 말씀과 몸짓을 그대로 다시 하는 거예요. 그것이 바로 미사예요.

그래서 그리스도인들은 신부님께서 손에 들고 계시는 '빵'이 정말 예수님의 몸이고 신부님께서 건네주시는 포도주가 정말 예수님의 피라는 것을 알아요. 우리를 위해서, 우리가 하느님의 생명을 받아 모실 수 있도록 그렇게 하는 것이죠.

신부님들은 왜 결혼을 안 하세요?

모든 사람이 다 결혼을 하는 것은 아니에요. 결혼할 기회가 전혀 없었던 사람들도 있고 결혼하기를 원하지 않은 사람들도 있어요. 또 인생에서 다른 것들이 더 중요해서 남편이나 아내나 아이들을 위한 자리가 없는 사람도 있어요.

하느님에 대한 사랑에 빠져서, 하느님께서 원하시는 것을 하는 데에 너무나 열중해서 결혼할 생각이 없어지게 되는 사람들도 있다고 예수님께서는 말씀하셨어요. 예수님께서는 그런 사람들은 참 대단하다고 생각하셨어요. 그리고 우리가 하느님을 발견하는 데에 온 생애를 바치기 위해 바로 예수님 자신이 독신으로 사셨지요.

수도원에 사는 사람들은 기도와 다른 사람들을 위한 봉사에 자신의 삶을 바치기 위해, 결혼하지 않고 가난하게 순명하면서 사는 삶을 선택하겠다고 약속을 해요.

수세기 전부터 우리 프랑스와 서양의 가톨릭교회에서는 결혼하지 않고 독신으로 살겠다고 약속을 한 남자들만 신부가 될 수 있다고 주교님들이 결정했어요. 그들에게 결혼하지 않겠다는 약속은, 복음을 알리고 그리스도교 공동체를 보살피는 데에 자신의 삶 전부를 바치겠다는 것을 보여 주는 것이에요. 물론 평생을 거는 약속이니까 그런 결정을 하기 위해서는 깊이 잘 생각해 봐야 되지요.

하지만 레바논이나 시리아 같은 동방 가톨릭교회에서는 결혼한 남자들도 신부님이 될 수 있어요. 결혼하든 독신으로 살든 신부님이 되기 위해 중요한 것은 사람들을 얼마나 깊이 사랑할 수 있느냐예요.

우리 엄마, 아빠는 두 분 다 목사님이세요. 그런데 왜 가톨릭에는 여자 신부님이 안 계신 거예요?

몇 년 전에 요한 바오로 2세 교황님께서 위와 같은 질문을 받으셨어요. 그때 교황님은 그런 일은 있을 수 없다고 대답하셨어요. 예수님께서 그 시대에 남자들만 제자로 뽑았기 때문만이 아니라 신부님의 역할이 예수님의 자리를 대신하는 일이기 때문이라고 하셨어요. 그런데 예수님께서 남자셨잖아요. 그래서 그리스도의 이름으로 그리스도의 말씀을 전하고 강론을 하는 신부님이라는 자리는 남자들에게만 주어지는 것이라고 대답하셨어요.

예수님께서 제자들의 공동체, 즉 교회에 대해 가지신 애정은 마치 남자와 여자의 결혼과 같은 거예요. 그러니까 신부님이란, 마치 남편이 부인에게 신경을 쓰는 것과 같이 오늘날에도 예수님께서 교회와 모든 인류에게 계속 애정을 쏟고 계신다는 것을 보여 주는 표시라고 할 수 있어요. 그래서 주교님들은 마치 교회와 결혼한 것처럼 반지를 끼고 계시는 거예요.

개신교에서는 조금 달라요. 목사님들은 신부님들처럼 늘 예수님의 역할을 대신한다기보다는 다른 사람들이 신앙생활을 잘 할 수 있도록 도와주기 위해 선택받은 분들이시지요. 그리고 사실 아주 오랜 논란 끝에 20세기에 와서야, 그것도 아주 최근에서야 몇몇 개신교에서 여자 목사님들이 생겨나기 시작했어요.

신부님이 되려면 어떻게 해야 하지요?

친애하는 트리스탄에게.

긴 편지와 질문들 고마워요. 이제 5년 후면 나는 사제 서품을 받아 신부님이 될 거예요.

그래요, 아주 오랫동안 생각해 온 일이랍니다. 아마 지금 트리스탄의 나이 때쯤이었던 것 같아요. 나는 처음으로, 신부가 돼서 다른 사람들을 위해 봉사하라고 하느님께서 나를 부르신다는 느낌이 강하게 들었었어요. 그때부터 많이 생각했고 좀 더 분명히 알고 싶어서 자주 기도도 했고, 다른 사람들에게 도움을 받기도 했어요. 잘 알고 지내던 신부님하고 친구들도 날 도와줬지요. 그리고 주교님과 이야기를 했어요. 왜냐하면 나를 신부로 받아들일지 말지를 결정하실 분이 바로 주교님이시니까요.

하지만 나는 내가 하던 엔지니어 공부를 끝마치고 싶었어요. 좀 더 자유롭게 선택하고 싶었으니까요. 나중에 할 게 없어서 신부님이 되기로 마음먹었다고 생각하기는 싫었거든요. 그리고 무엇보다도 오늘날의 세상과 사람들, 남자와 여자에 대해 더 잘 알고 싶었어요. 결국 나는 그 사람들에게 복음을 전해 줘야 하니까 말이에요.

지난 9월부터 난 신부님이 되기 위한 특별한 훈련 과정을 시작했어요. 성경과 교회의 역사, 교리와 그리스도인으로 살아가는 방법에 대해 공부하기 시작했어요. 그런 과정을 모두 거치고 나면 나는 나를 부르신 주님에 대해 더 잘 알고, 더 잘 기도하는 법을 배우게 될 거예요.

중요한 것이 또 있지요. 나는 매주 성 치프리아노 본당에 가서 나중에 할 일을 구체적으로 찾고 있어요. 마치 병원에서 실습을 하는 의대생같이 말이에요. 알다시피 앞으로 할 일이 너무 많답니다!

장 노엘.

교황님은 왜 필요해요?

교황님은 로마의 주교님이신데 추기경님들 중에서 선출되세요. 로마는 베드로 성인과 바오로 성인이 순교하신 도시예요. 예수님께서는 베드로에게 "너를 베드로, 반석이라고 부르겠다. 네 위에 내 교회를 세우겠노라." 하고 말씀하시면서 초기 그리스도교 공동체를 세우기 위해 베드로를 선택하셨어요. 그리고 교황님은 베드로의 뒤를 이으시는 분이지요. 그러니까 베드로 성인이 첫 번째 사도, 제1 사도이듯이 교황님은 첫 번째, 제1 주교님이신 것이지요.

그런데 교황님은 로마에 있는 가톨릭 신자들뿐만 아니라 온 세상의 다른 신자들도 돌보세요. 교황님은 때때로 다른 주교님들을 다 불러 모아서 함께 회의를 하시기도 해요. 그 회의를 '공의회'라고 하는데 1962년부터 1965년까지 로마에서 2,000명 이상의 주교님들이 모여서 '제2차 바티칸 공의회'를 했어요.

교황님은 때때로 다른 주교님들에게 중요한 내용을 담은 공식적인 편지를 쓰는데 그것을 '회칙'이라고 해요. 하지만 교황님은 보통 직접 모든 나라의 신자들을 만나러 다니시는 것을 더 좋아하세요. 특히 교황 요한 바오로 2세는 여러 나라를 다니셨는데 프랑스에도 자주 오셨고 한국에도 오셨어요. 한국에 교황님이 오신 것은 처음이었지요.

많은 나라에서 주교님들을 임명하는 것도 교황님이세요. 교황님의 역할은 특히 전 세계에 있는 모든 가톨릭 공동체들의 일치와 화합을 지키는 것이에요. 마치 합창대의 지휘자가 전체가 하모니를 이루도록 이끌 듯이 말이에요. 교황님이 제일 강조하시는 것은 교회가 언제나 진정으로 '가톨릭적'이어야 한다는 것이에요. '가톨릭'은 '전 세계적', '보편적'이라는 뜻이거든요.

그리스도교 신자와 가톨릭 신자는 뭐가 다른가요?

그리스도인은 우리말로 기독교인이라고도 하는데 예수 그리스도의 제자들이라는 뜻이에요. 그리스도교 신자들 가운데 어떤 사람들은 가톨릭 신자들이에요. 그러니까 가톨릭 신자라는 것은 그리스도교 신자가 되는 방법 중의 하나인 것이지요. 그리스도교 신자가 되는 방법 중에는 가톨릭 신자 말고도 다른 방법들이 있어요. 역사적으로 거슬러 가 보면 원래 한가족이었던 그리스도교 신자들이 분열과 갈등을 겪었기 때문이에요.

아까도 말했지만 '가톨릭'은 '전 세계적', '보편적'이라는 뜻이에요. '사도 신경'에 나오는 말이지요. 초기 그리스도인들이 교회는 '가톨릭적'이어야 한다, 다시 말해 모든 사람을 위해 온 세상에 퍼져 나가야 한다고 선포했거든요. 그런데 오늘날 '가톨릭'이라는 말은 교황이 로마 주교로서 사도 성 베드로를 계승한다는 것을 인정하고 교황의 전 세계적, 보편적 권위를 인정하는 그리스도인들을 가리키는 말이 되었어요.

그리고 우리가 '그리스 정교회' 또는 '동방 교회'라고 부르는 그리스도교 신자들은 1054년 로마 교회로부터 분리되어 나간 그리스도인들이에요. '성공회'라고 불리는 그리스도교 신자들은, 1534년 헨리 8세가 교황과 관계를 끊고 세운 '영국 교회'의 신자들이에요.

16세기에는 교회에 좀 더 심각한 분열이 일어났어요. 어떤 그리스도인들은 교회를 더 젊고 새롭게 개혁시키기를 원했어요. 그들은 교회의 부정, 부패와 맞서 저항하면서 오로지 성경에만 의지하기를 원했어요. 그래서 루터나 칼뱅 같은 사람들에 의해 종교 개혁이 일어났고 '프로테스탄트'라고 불리는 개신교 신자들이 생겨났어요.

그래서 똑같이 그리스도를 믿지만 서로 다른 교회를 이루고 있는 오늘날의 그리스도인들은 언젠가 모든 그리스도 교회가 하나 될 수 있도록 기도하고 고민한답니다. 이런 운동을 '세계 교회 일치 운동', 또는 '세계 그리스도교 일치 운동'이라고 불러요.

왜 크리스마스 날에는 선물을 주고받나요?

분명히 이번 크리스마스 때 에스텔 집은 온통 하트 천지가 될 거예요.

왜냐하면 에스텔은 '아빠한테는 하트가 줄줄이 달린 책갈피를 드리고, 엄마한테는 레이스 달린 하트 모양 액자를 드리고 오빠한테는 하트 모양 계피 과자를 주고 여동생한테는 하트 모양 각설탕을 줘야지.' 하고 생각하고 있거든요. 그리고 에스텔은 자기는 게임기를 갖고 싶다고 말해 놨어요. 게임기는 하트 모양이 아니어도 괜찮다고 생각하면서 말이에요. 아마 에스텔은 선물을 주고받지 않는 크리스마스는 상상도 못 할 거예요.

크리스마스 날에는 자기가 행복하니까 다른 사람들도 행복하기를 바라게 되지요. 크리스마스는 예수님의 생일이거든요. 우리 그리스도인들에게는 하느님의 아드님이신 아기 예수님께서 태어나신 기쁜 날이거든요. 예수님께서는 우리 모든 인간들에게 하느님 아버지의 사랑을 베풀러 오셨으니까요.

이날 우리는 오랜만에 온 가족들이 모여서 기쁘게 미사를 드리고 맛있는 것을 먹고 외로운 사람들을 초대하기도 하지요. 그리고 크고 작은 선물들을 서로 주고받고요. 하지만 중요한 것은 선물이 아니에요. 우리가 서로 사랑한다는 것을 보여 주는 것이에요. 선물을 살 필요가 없을 수도 있고 성 니콜라스 축일에 벌써 선물을 주고받았을 수도 있어요.

사실 예수님께서 태어나시기 전, 아주 옛날부터 한겨울에 선물을 주고받는 풍습이 있었거든요. 옛 풍습이 그대로 남아 있는 것이죠. 잘 됐지요! 예수님께서는 우리가 행복을 주고받는 것을 좋아하시니까요. 그리고 사실 예수님이야말로 하느님의 선물이잖아요. 가장 훌륭하고 멋진 선물요!

🌀 '사순절'이 도대체 뭐예요?

사순절이란 재의 수요일부터 부활절까지의 40일 동안을 말해요. 그런데 이날들이 도대체 무엇을 하기 위한 날들일까요? 바로 부활절이라는 아주 큰 축제를 준비하는 날이에요. 그리스도인들에게는 아주 의미 있는 날이지요.

예수님께서는 살아 계실 때 광야에서 40일 동안 지내셨어요. 옛날에 이스라엘 백성들도 약속된 땅에 들어가기 전에 광야에서 40년 동안 헤맸고요. 광야에서는 오직 본질적인 것만 중요하지요. 그래서 하느님을 향할 수 있게 돼요. 하지만 한편으로는 악을 숨길 만한 것이 아무것도 없기 때문에 악 역시 우리를 집요하게 괴롭히지요. 예수님조차도 광야에서 악의 유혹을 받으셨으니까요.

우리에게 사순절은 광야 같은 거예요. 이 기간 동안 우리는 우리 안에 있는 모든 악과 마주하고 맞서 싸워서 예수님을 더 잘 따르게 되니까요.

어떤 방법으로요? 혼자서 또는 같이 모여서 기도를 하지요. 또 늘 '나 먼저'였지만 이제는 집착을 버리고 다른 사람들과 더 많이 나누도록 더 애쓰는 거예요. 성령이 우리 마음을 채워 우리 삶을 이끄시도록 자신을 비우기 위해 노력하면서요. 그러니까 결국 사순절은 하느님과 다른 사람들을 만나기 위해 마련된 특별한 시간이에요.

🌏 '부활절'은 또 뭐죠?

　부활절은 히브리 말로 *페사* 그리스 말로 *파스카*라고 하는데 *건너가다*는 뜻이에요. 그리스도인들에게 부활절은 예수님께서 죽음에서 생명으로 건너가셨다, 즉 부활하셨다는 뜻이에요.

　원래 부활절은 유대인의 큰 명절인 과월절과 같은 날이에요. 과월절은 유대인들이 아주 중요하게 여기는 날이에요. 이집트 땅에서 노예살이하던 히브리 민족을 하느님께서 모세에게 약속하신 대로 해방시켜 주신 것을 기념하는 날이거든요. 유대인들은 과월절 첫째 날, 저녁에 가족들이 모여 식사를 하면서 조상들이 했던 대로 하지요. 빵을 둘로 나누면서 "여기 우리 조상들이 이집트 땅에서 먹었던 빵이 있다. 누구든지 배고픈 자는 먹으러 오너라. 우리와 함께 과월절을 지내러 오너라!" 그리고 식사를 하면서 포도주를 네 잔 마시면서 이 해방을 기념해요.

　목요일 저녁 체포되시기 직전에, 예수님도 다른 유대인들처럼 감사 기도를 드리면서 제자들과 빵과 포도주를 나누어 드셨어요. 그런데 예수님께서는 이 행동에 다른 의미를 부여하셨어요. 예수님께서는 이렇게 말씀하셨거든요. "너희는 모두 이것을 받아먹어라. 이는 너희를 위하여 내줄 내 몸이다." 그리고 나서 포도주 잔을 들고 "너희는 이것을 받아 마셔라. 이는 새롭고 영원한 계약을 맺는 내 피의 잔이다"라고 말씀하시면서 하느님과 모든 사람을 위한 잔을 드셨어요.

　목요일 날 밤에 예수님께서는 체포되셔서 재판을 받으시고 사형 선고를 받으셨어요. 그리고 금요일에 십자가에 못 박히셨지요. 그런데 유대인들의 달력 계산법으로는 일주일의 첫 날인

주일에, (그러니까 오늘날 우리에게는 일요일에) 예수님께서는 죽음으로부터 하느님의 생명으로 *건너가셨어요.* 하느님께서 예수님을 부활시키셨으니까요.

이렇게 최후의 만찬부터 예수님의 죽음에서 부활에 이르기까지가 그리스도인들에게는 새로운 의미의 파스카(부활절)이고 매 미사 때마다 이것을 다시 행하는 거예요. 그리고 1년에 한 번, 부활절을 가장 아름다운 축제로 기념하는 거예요.

'모든 성인의 날'에는 왜 묘지에 가나요?

사랑하는 할머니께.

지난주 11월 1일에 저는 학교에 가지 않았어요. '모든 성인의 날'이라 수업이 없었거든요. 저는 아침에 성당에 가서 미사를 드렸는데 신부님께서는 제가 이미 알고 있거나 모르는 성인들에 대해 이야기하셨어요. 그리고 신부님께서는 우리 모두 성인이 되도록 부르심을 받았다고 말씀하셨어요. 그 말씀을 듣고 이상한 생각이 들었지만, 저는 세바스찬 성인을 생각했어요. 왜냐하면 나랑 이름이 같으니까요! 세바스찬 성인은 로마 병사였는데 그리스도인이라는 이유로 로마 황제에게 죽임을 당하셨대요.

그 다음 날, 우리는 할아버지께서 묻혀 계신 묘지에 갔어요. 엄마는 할아버지도 다른 성인들처럼 하느님 곁에 계시게 해 달라고 기도드리셨어요. 그리고 나서 저는 할아버지와 지냈던 행복했던 순간들을 생각했어요. 할아버지하고 숲 속에 버섯을 따러 갔던 때가 저는 제일 좋았어요.

저는 전에 할머니께서 말씀하신 대로 했어요. 정원에서 꺾어온 꽃들을 할머니 대신 할아버지 무덤에 올려놓았어요. 그렇게 하니까 할머니께서 왔다가 가신 것 같았어요. 할아버지가 할머니 곁에 안 계셔서 슬프시죠? 저도 할아버지가 그리워요.

안녕히 계세요.

11월 9일
세바스찬 드림.

수녀님이 되려면 어떻게 해야 해요?

어느 날 제자들이 예수님께 여쭈어 봤어요. "하느님 나라는 어떤 곳인가요?" 예수님께서는 대답하셨어요. "하느님 나라는 밭에 숨겨진 보물과 같다. 그 보물을 발견한 사람은 뛸 듯이 기뻐하며 가진 것을 다 팔아 그 밭을 살 것이다."

수사님들이나 수녀님들은 이 사람하고 비슷하다고 할 수 있어요. 삶 속에서 하느님을 만난 것이 너무 기뻐서 다른 것은 눈에 안 들어오고 하느님을 더 잘 알고 더 잘 섬기기 위해서 모든 것을 바치기로 결심한 사람들이니까요.

수녀님은 직업이 아니에요. 비행사나 빵집 주인처럼 신문 광고를 보고 자격증을 가지고 찾아가서 뽑히는 것이 아니에요. 수녀님은 하루아침에 되는 것이 아니랍니다. 아주 오랜 시간이 걸리는 거예요. 하느님의 부르심을 이해하고 정말 준비가 되었다고 느껴질 때, 그 부르심에 응답하는 거예요. 어떤 사람들은 마음먹는 데에만도 몇 년씩이나 걸리기도 해요.

그리고 나서 여러 단계를 거쳐요. 일이 년 동안 더 나이 많고 경험 많은 수사님이나 수녀님하고 수도 공동체에서 같이 살면서 도움을 받고, 함께 복음에 대해 그리고 자기 자신에 대해 깊이 생각해 봐요. 그리고 나서 결심이 서면 그때서야 비로소 정식으로 수녀님이나 수사님이 되는 거예요. 다른 삶이 시작되는 거지요.

수도원에서 수녀님들은 어떤 생활을 하세요?

사랑하는 스테파니에게.

편지 잘 받았어. 고마워, 따끈따끈한 네 가족 소식 전해 줘서. 그런데 여기 수도원에서 어떻게 지내는지 내 생활이 궁금하다고? 단 몇 줄로 대답하긴 어려울 것 같아. 한번 네가 직접 와서 보렴. 학교 생활 이야기하듯이 내 일과들을 시간별로 이야기해 줄 수도 있겠지만 그럼 아마 분명히 따분할 거야. 일어나고 기도하고, 식사하고 일하고 기도하고, 식사하고 책 읽고 기도하고, 이런 식이니까.

거의 매일 하루 일과는 비슷해. 하지만 이런 단순해 보이는 생활 속에서 나의 가장 큰 바람이 이루어지는 것을 느낀단다. 그것은 나의 모든 시간을 하느님께 바치는 것, 내 삶의 중심을 그분께 두는 것이지. 그래서 나는 하느님께 감사하다고 말하고 싶고, 하느님을 알리고 애쓰고 싶단다. 혼자서, 또는 다른 수녀님들과 함께 나는 하느님께 말하고 하느님 말씀을 듣고 기도가 필요한 모든 사람들을 위해 하느님께 기도드린단다. 나는 이렇게 마음을 합쳐 바친 기도가 힘을 가지고 있어서 우리가 생각하는 사람들을 도울 수 있다고 확신한단다.

자, 보다시피 내 생활은 아주 단순하고 세상 사람들과 동떨어져 있어. 하지만 나는 그 어느 때보다도 이 세상 사람들을 가깝게 느끼고 있어.

어쨌든 그래도 네 호기심이 식지 않거든 다른 방법이 없단다. 수도원에 와서 우리를 보렴. 스테파니야, 우리 문은 항상 열려 있단다.

성모방문회 수녀원에서
7월 20일 크리스틴이.

⑨ 악의 독

세상에는 끔찍하고 괴로운 일들이 많아요. 그런데 왜 하느님께서는 가만히 계시는 거죠?

테러, 굶주림, 사고, 불행, 죽음……. 여러분은 이런 것들을 보고 들으면서 괴로움을 느끼고 왜 이 세상이 행복으로 가득 찰 수 없는지 이해가 안 될 거예요.

여러분처럼 다른 많은 사람들도 세상의 이런 모습들에 반발심과 분노를 느끼지요. 그래서 어떤 사람들은 이런 불행과 악이 있는 것이 바로 하느님께서 무능하시다는 증거라고, 아니 하느님께서 안 계시다는 증거라고 생각해요. 또 어떤 사람들은 하느님께서 우리를 시험하려고 보내신 것들이라고 생각해요.

하지만 그리스도인들은 그렇게 생각하지 않아요. 어떻게 하느님께서 우리가 불행해지는 것을 보고 행복해 하신다고, 그렇게 잔인하시다고 상상할 수 있겠어요?

하느님께서 직접 나서서 사람들이 서로 죽이는 것을 막고 이 세상의 불행과 악을 없애지 않으시는 것은, 하느님께서 처음에 우리를 창조하실 때부터 자신이 하고 싶은 대로 자유롭게 하고 스스로 책임을 지도록 만드셨기 때문이에요.

그것은 하느님께서 아무것도 하시지 않는다는 뜻이 아니라, 하느님께서는 하느님의 방식대로 하신다는 뜻이에요. 하느님께서는 악과 고통 앞에서 절망하는 사람들에게 다시 믿음과 확신을 주셔서 그들이 삶의 희망을 찾고 상황을 바꿔 나가게 해 주세요. 하느님께서는 악을 저지른 사람이 자신의 잘못을 고치고 자신을 변화시키고 싶다는 갈망을 갖도록 해 주시고, 하느님께서 자신을 언제든지 용서하신다는 소리를 마음속 깊은 곳에서 들을 수 있게 해 주세요.

그리고 하느님께서는 여러분을 부르세요. 세상을 아름답게 만들고 싶어 하는 사람들을 부르세요. 여러분이 세상의 악과 불행을 몰아내고 고쳐 나가기를 원하세요. 왜냐하면 하느님께서는 세상의 불행과 악 앞에서 여러분이 느끼는

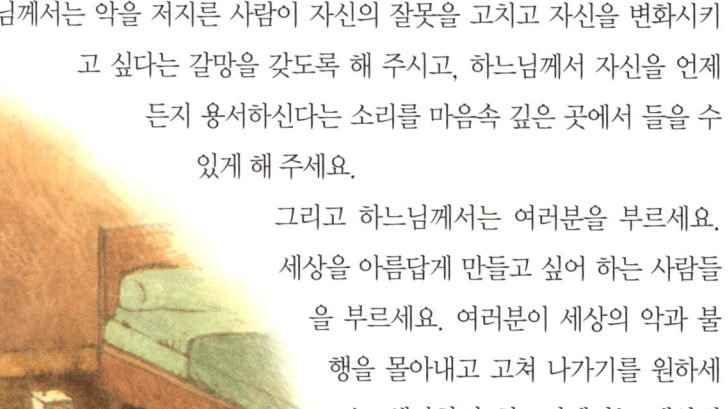

분노, 여러분의 시선을 사랑하시기 때문이에요. 하느님께서는 언제든지 여러분과 함께 고통과 맞서 싸울 준비가 되어 있으세요. 하느님께서는 늘 바로 여러분 곁에 계세요. 그것이 바로 하느님의 방식이에요. 하지만 불행 앞에서 하느님께서 안 계신 것 같고 너무나 멀리 계시는 것 같은 이런 경험은 여러분 일생 동안 아마 계속 의문을 일으킬 거예요.

왜 완벽하신 하느님께서 우리에게 선한 것과 나쁜 것에 대한 선택권을 주셨지요?

"신사 숙녀 여러분, 오늘 밤, 나 하느님은 여러분을 〈인생극단〉의 공연에 초대합니다. 자, 배우들은 나의 땅, 이 지구 상의 남자들과 여자들입니다. 그들이 얼마나 서로 사랑하는지 보세요. 이웃을 구하러 달려가는 저 사람을 보세요. 이 사람도 아주 착해 보이지요? 물론 내가 그렇게 하라고 다 시켰지요. 자, 이제 이 사람들은 세 바퀴 돌고 무대 밖으로 사라집니다."

만약 우리 인생이 이런 식으로 된다면 어떨까요? 하느님께서 우리 인간들의 모든 행동들을 하나하나 다 감독하고 로봇이나 꼭두각시처럼 하느님에게 좋은 것만 하도록 조정한다면요? 아마 끔찍할 거예요. 다행히 하느님께서는 그렇지 않으세요. 하느님께서는 우리를 정말 사랑하세요. 그래서 우리에게 믿을 수 없는 선물을 주셨어요. 우리가 우리 인생을 자유롭게 선택할 수 있도록 우리를 창조하셨어요. 우리 자신은 미덥지 않지만 하느님께서는 그래도 위험을 무릅쓰고 우리를 믿으세요. 하느님께서는 우리가 가장 좋은 것을 할 수 있다고 생각하시기 때문에 그렇게 하시는 거예요.

그런데 우리가 바른길을 찾지 못한다면? 무슨 일이 일어나는지 모르거나 잘못 판단한다면? 옆길로 새려고 한다면? 물론 우리는 어느 길이 정말 바른길인지, 장애물이 어디에 있는지, 조용한 골목이 어디에 있는지 몰라요. 하지만 이 길의 끝에서 다른 사람들과 하느님을 만날 수 있다는 건 확실해요. 한번 해볼 만하지 않나요?

원죄라는 게 뭔가요?

어떤 남자에게 두 아들이 있었는데 어느 날 작은아들은 아버지에게 자기 몫의 유산을 달라고 말했다. 그리고는 먼 고장으로 떠나서 아버지께 받은 전 재산을 다 써버렸다. 그런데 그 고장에 심한 기근이 들었다. 작은아들은 한 농가에서 돼지 치는 일을 하면서 지내게 됐다. 작은아들은 생각했다. '내 아버지의 집은 일꾼들이 먹을 빵도 남아도는데 나는 여기서 이렇게 굶어 죽는구나. 그래, 가야겠다. 아버지께 돌아가서 말씀드려야겠다. 아버지, 제가 하늘과 아버지께 죄를 지었습니다. 저는 이제 아버지의 아들이라 불릴 자격도 없습니다. 저를 아버지의 일꾼들 가운데 하나로 삼아 주십시오……."

예수님께서는 사람들을 가르치실 때 이해가 쉽도록 짧은 이야기로 비유해 말씀하셨어요. 예수님께서는 이 이야기로 죄가 무엇인지를 우리에게 가르쳐 주시려고 한 게 아닐까요?

죄는 하느님으로부터 멀리 떠나는 것이에요. 우리가 다른 사람들 앞에서 취하는 태도, 사람들에게 말하는 것, 사람들에 대해 생각하는 것, 사람들을 대하는 방식, 이 모든 것이 하느님으로부터 우리를 멀어지게 할 수 있어요. 하느님과 우리 인간 사이에는 마치 사랑의 관계처럼 언제나 끊임없이 새로워지는 계약이 있어요. 죄는 이 계약을 끊어 버리는 것, 이 관계를 깨뜨려 버리는 것이에요.

이 이야기에서 작은아들은 결국 아버지께로 되돌아오고, 저 멀리 아들이 오는 것을 보자마자 아버지는 달려가서 아들을 껴안아요. 언제든지 아들을 용서하고 사랑할 준비가 되어 있는 아버지처럼, 하느님께서는 "나의 하느님, 저는 죄를 지었어요. 하지만 이제 당신께 되돌아옵니다." 이렇게 말하는 사람을 언제든지 아들로 받아들이신답니다.

왜 돈이 넘치도록 많은 사람이 있는가 하면 굶어 죽는 사람들도 있는 건가요?

앙투완은 프랑스에 살아요. 앙투완의 부모님은 일자리를 잃고 집값이 너무 올라서 이사를 가야 해요. 앙투완네 반 친구 중에 바스티엥이란 애가 있는데 그 애는 아주 운이 좋아요. 아빠가 얼마 전에 최신형 컴퓨터를 사주셨거든요.

나이지리아에 사는 파티는 하루에 한 끼밖에 못 먹어요. 하지만 같은 나라에 사는 아미나네 집은 부모님이 부자라서 얼마 전에 집에 새 냉장고를 들여놓았어요.

세계 어디를 가든지, 부자 나라든지 가난한 나라든지 먹을 것이 없어서 굶는 사람이 있는가 하면 돈이 남아돌아 펑펑 쓰는 사람도 있어요. 정말 불공평하고 화나고 속상한 일이에요. 이런 불평등이 생기는 데에는 이유가 있을 거예요.

어떤 나라는 땅이 사막 같아서 농사를 지을 수 없는 경우도 있고 어떤 나라에서는 전쟁이 계속되는 경우도 있어요. 옛날부터 다른 사람을 노예처럼 부리거나 다른 사람 것을 빼앗아서 부자가 되는 사람들도 있어요. 자기가 가진 것을 나누려고 하지 않는 사람들도 있고요.

사실 땅은 그 어느 누구의 것도 아니에요. 땅은 모든 사람들의 것이에요. 하느님께서는 땅을 돌보고 아름답게 가꿔 변화시키라고 인간에게 맡긴 거예요. 그래서 우리는 이 땅을 천국으로 만들 수도 있고 지옥으로 만들 수도 있어요. 모두 다 같이 노력해서 함께 잘살 수도 있고 가난이나 전쟁이 계속되도록 내버려둘 수도 있어요.

예언자들에 이어서 예수님께서는 이런 불공평함에 대해 경고를 하세요. 예수님께서는 우리가 목마르고 굶주린 사람들에게 우리가 가진 것을 나누어 주고 각자 방식대로 세상의 불행과 맞서 싸우도록 이끄세요.

하느님께서는 다른 사람을 죽인 사람도 용서해 주시나요?

여러분은 매일 텔레비전에 나오는 영화나 만화에서 사람들이 죽고 죽이는 것을 볼 수 있을 거예요. 그런데 영화니까 아무렇지 않게 생각할 수 있을 거예요. 하지만 〈9시 뉴스〉에서 누가 가족을 죽였다거나 어떤 학생이 반 친구를 죽였다는 뉴스를 들으면 얘기가 달라지지요. 그것은 실제 일어난 끔찍한 일이라는 것을 아니까요. 왜냐하면 죽인다는 것은 생명을 파괴시켜 완전히 없애 버리는 것이고 다시는 돌이킬 수 없는 일이니까요.

그런데 하느님께서 이런 것을 용서하실 수 있을까요? "아니, 절대로 안 돼!"라고 말하고 싶을지 몰라요. 죄를 지으면 벌을 받아야 한다고, 정의가 지켜져야 한다고 믿으니까요. 한 인간의 생명을 파괴하고 빼앗아 간 자는 당연히 하느님께서 내치셔야 하지 않겠어요? 보통 그렇게들 생각하지요. 하지만 하느님께서는 우리 생각을 완전히 넘어서는 끝없는 사랑의 힘을 지니고 계세요. 그래서 하느님께서는 살인을 하고 나서 용서를 구하는 사람을 용서해 주시는 거예요.

용서라는 것은 죄를 저지른 사람에게 기회를 주는 것이에요. 그 사람에게 스스로를 변화시킬 수 있는 가능성을 주는 것이니까요. 그렇다고 해서 칠판에 분필로 써 놓은 것을 지우개로 싹싹 지우듯이 잘못이 없어진다는 뜻은 아니에요. 나쁜 행동 자체가 잊혀지는 것은 아니에요. 그건 평생 무겁게 지고 가야 하는 거예요. 하느님께서는 살인을 해도 후회하지 않는, 뻔뻔하거나 미친 사람도 용서하시지 않을까요? 도저히 인간이 용서할 힘이 없을 때, 바로 그때, 거기에 하느님께서 계신답니다.

하느님께서는 우리를 하느님 모습대로 만드셨다고 하는데 우리는 왜 모두들 조금씩 못된 데가 있는 거죠?

하느님께서 우리를 당신 모습대로 창조하셨다는데 우리는 모두 조금씩 못된 구석이 있어요. 그럼 하느님도 좀 못됐다는 건가요? 아니면 못된 사람은 하느님 모습대로 창조되지 않은 건가요? 이해하기가 어려워요.

모든 창조물들 가운데 오직 인간만이 하느님을 알 수 있고 서로 사랑할 수 있어요.

인간들이 모두 조금씩 못된 구석이 있는 것은 자기가 무엇 때문에 창조됐는지를 잊어버리기 때문이에요.

인간들은 자신들이 창조된 본래 의미와는 정반대로 가기 때문이에요. 사랑하는 대신에 서로 미워하고, 하느님을 찾는 대신에 하느님께 등을 돌리고, 하느님의 모습대로 사는 대신에, 다시 말해서 자기 안에 하느님께서 계시다는 것을 보여 주는 증인이 되는 대신에, 마치 하느님께서 안 계시는 것처럼 행동하고…….

하지만 우리는 못되게 태어나지 않았어요. 우리 머릿속에 작은 심술 세포들을 잔뜩 채워 가지고 태어난 것이 아니에요. 자기 생각만 하지 않는다면 훨씬 쉬울 거예요.

우리가 자기밖에 모르는 못된 이기주의자가 되기를 선택한다면 그건 우리 책임이에요. 그렇게 할 때마다 우리는 우리 안에 있는 하느님의 모습, 즉 우리 안에 있는 사랑의 능력을 스스로 왜곡시키는 것과 다름없어요.

전쟁과 지진은 하느님께서 우리 인간들에게 화가 나셔서 일어나는 거예요?

1755년에 리스본에서 큰 지진이 일어나서 수천 명이 죽었어요. 학자들과 사상가들은 이런 재난의 근원이 뭔지에 대해 열변을 토했어요. 창조주가 선하다면 어떻게 이런 끔찍한 재난이 있을 수 있을까? 이런 재난은 하느님께서 우리 인간에게 화를 내신다는 뜻이 아닐까?

그 시대에는 아직 많은 사람들이 지진과 같은 큰 재난은 하느님의 벌이라고 믿고 있었어요. 하지만 그것은 자연현상일 뿐이에요. 오늘날에는 지진이란 지반이 서로 충돌하면서 생기는 현상이라는 것을 모두 잘 알지요. 그러니까 지진은 하느님께서 내리시는 벌이 아니라 하나의 자연현상이에요. 오늘날에는 자연재해가 일어날 위험이 있는 지역에 집중함으로써 자연재해를 더 잘 예측하려고 노력하고 있어요.

1945년 6월, 제2차 세계 대전 때, 미국은 일본 히로시마에 원자폭탄을 떨어뜨렸어요. 10만 명 이상이 죽었어요. 누구 책임이죠? 하느님의 책임인가요? 분명히 그건 아니에요.

하느님께서는 절대로 인간에게 전쟁을 하라고 하지 않으셨어요. 가끔 인간들이 스스로의 폭력 행위를 정당화하려고 하느님의 이름을 들먹거리는 경우도 있지만 그건 절대 아니에요. 하느님께서는 사랑의 하느님이세요. 옛날 전설에 나오는 것처럼 복수를 하는 하느님 모습은 상상하기 어려워요. 그러니까 우리가 지구 상에서 지진을 완전히 통제할 수는 없어도, 끊임없이 평화를 위해 싸울 수는 있을 거예요.

하느님께서 우리를 사랑하시는데 왜 지옥에 가는 사람이 있는 거죠?

하느님, 가끔 나는 하느님 생각을 하다 보면
하느님께서는 참 대단하시다는 생각이 들어요.
모든 사람을 다 사랑하는 것,
못된 사람, 나쁜 사람까지도 다 사랑하는 것은
말도 안 되는 일, 정말 힘든 일이거든요.
아무런 대가 없이 우리를 사랑하는 것도 너무 힘든 일이에요.
우리를 그렇게 사랑하셔서 그 대가로 우리에게 뭘 원하시죠?
아무것도 원하지 않으시잖아요!
하느님께서 사랑하듯이 우리도 다른 사람들을 사랑하라고,
그것만 원하시잖아요.
말하기는 쉽죠!
생각해 보세요.
하느님께서는 아무도 강제로 시키지 않으시잖아요.
그런데 서로 의견이 다르면 우리는 다른 사람들을 싫어하게 돼요.
다른 사람을 고통스럽게 만들고 싶으면
우리는 그렇게 할 수 있고, 실제로 그렇게 해요!
그래서 우리 인간들은 가끔 못된 짓도 하고 나쁜 짓도 해요.
하느님, 당신이 우리를 완전히 자유롭게 내버려두셨기 때문에
모든 악이 존재하는 거예요.
사랑을 거부하는 사람들은 위험하게 돼요.
그 사람들은 어쩔 수 없는 상황에 놓이게 돼요.
그게 아마 지옥일 거예요.
지옥은 어떤 장소가 아니라
벗어날 출구가 없는 이런 상황일 거예요.
이런 지옥에 완전히 갇혀 있는 사람들이 있을까요?
하느님, 당신만이 아시겠죠.

유다는 왜 예수님을 배반했어요?

언제 어디에 가면 예수님을 쉽게 잡을 수 있는지를 유대인 지도자들에게 가르쳐 준 사람은 바로 유다였어요. 그리고 밤에 올리브 동산에 가서 예수님을 껴안으면서 병사들에게 신호를 보낸 것도 바로 유다였어요. 이렇게 예수님을 배반한 대가로 유다는 은화 서른 닢을 받았어요.

요한복음에서는 유다가 매수당했다고 설명되어 있어요. 유다가 공동체의 돈을 관리하고 있었는데 가난한 사람들에게 돈을 나누어 주는 척하면서 돈을 훔쳤다고 쓰여 있어요.

어떤 사람들은 유다가 예수님에게 실망해서 배신했다고 생각해요. 유다는 폭력적인 혁명을 지지하는 사람이었을 수도 있어요. 유다는 예수님께서 왕위에 올라 유대인들을 해방시키고 정치적인 권력을 잡아 주기를 바라는데 예수님께서 그렇게 하지 않으셨기 때문에 화가 났을지도 몰라요.

유다의 속마음이 무엇이었든지 간에 확실한 것은 유다 자신이 스스로 선택한 일이었다는 사실이에요. 다른 사람들처럼 유다도 예수님의 편에 설지 반대편에 설지를 스스로의 의지대로 자유롭게 선택한 거예요. 그리고 예수님도 위험을 무릅쓰고 유다를 열두 제자들 중 하나로 선택하신 거예요.

나중에 그리스도인들은 유다의 배신에 화가 나서, 유다의 배신을 짐작할 수 있게 해 주는 부분을 성경 속에서 찾았어요. 예를 들어 『시편』에 보면 "나와 빵을 나누어 먹고 내가 믿던 친구가 나를 배신했다"라는 구절이 있어요. 하지만 이 말은 유다가 배반을 하도록 예정되어 있었다는 뜻이 아니라, 유다는 마치 누군가에 의해 쓰여진 연극에서 어떤 역할을 맡은 배우일 뿐이라는 뜻이에요. 하지만 하느님께서는 이런 극적인 배신으로부터도 더 감명적인 것을 끌어내실 수 있었다는 것을 그리스도인들은 알아요. 왜냐하면 예수님의 체포와 돌아가심은 결국 우리를 사랑하신다는 것을 보여 주시기 위해, 예수님께서 어디든 가실 준비가 되어 있다는 것을 가르쳐 주는 것이니까요.

내가 나쁜 짓을 해도 하느님께서는 저를 용서해 주실까요?

레아와 하느님과의 대화

레아: 하느님, 저랑 잠깐 이야기 좀 하실 수 있어요?
하느님: 물론이지, 레아야.
레아: 목구멍에 뭔가 콱 걸려 있는 것 같아요.
하느님: 왜 그럴까?
레아: 저는 수학을 잘 못 하거든요. 그런데 구구단 시험 볼 때 옆 친구 것을 보고 써서 만점을 받았어요.
하느님: 네가 원하던 거잖아.
레아: 그렇진 않아요. 선생님께서 칭찬을 해 주시니까 창피했어요. 게다가 내 옆에 있는 친구는 열심히 공부를 했는데도 70점을 받았거든요. 난 선생님하고 친구들한테 거짓말을 했어요. 그리고 나 자신에게도 거짓말을 했어요. 난 사실 구구단을 정말 못하거든요. 그런데 내가 친구들을 속였으니까 결국 하느님도 속인 건가요?
하느님: 그렇단다, 얘야. 네가 다른 사람들한테 한 것이 바로 나한테 한 것과 같거든.
레아: 그럼, 전 죄를 지은 거네요, 그렇죠? 아, 난 정말 형편없는 아이예요.
하느님: 레아야, 너 알지? 그래도 난 여전히 널 사랑한다는 걸 말야.
레아: 제가 용서를 빌면 저를 받아 주실 건가요?
하느님: 물론이지! 네가 진짜 원하는 것은 바로 그 '용서'라는 것을 나는 잘 안단다. 그리고 난 널 믿는단다. 예수님께서 성경에서 말씀하셨듯이 나는 7번씩 77번이라도 널

용서할 준비가 되어 있단다. 그런데 7×77이면 몇 번이 되는 거지?

    레아: 모르겠어요. 어쨌든 무지무지 많아요! 마음이 가벼워진 것 같아요. 감사합니다, 하느님!

    하느님: 레아야, 잊지 말렴. 나는 너를 용서한다는 것을. 그리고 네가 스스로 변화하려고 노력할 거라고 나는 믿는다는 것을 잊지 말렴.

    레아: 네, 약속드려요!

왜 우리는 모든 사람을 다 사랑할 수가 없지요?

    엘사는 초등학교 4학년이에요. 단짝 친구도 있고 그냥 친구들도 많아요. 그런데 반에서 한 4명 정도하고는 말을 별로 자주 하지 않아요. 그중에 마리옹이라는 여자애가 있는데 그 애는 정말 참을 수 없이 싫어요. 마리옹은 샘이 많은 애예요. 어느 날 엘사가 예쁜 새 잠바를 입고 왔는데 옷걸이에서 그 잠바가 떨어지니까 일부러 더러운 신발로 그 옷을 막 밟았어요. 엘사는 모든 사람을 좋아하고 싶지만 마리옹은 도저히 좋아할 수가 없어요.

    우리 마음에 들지 않는 사람들이 있는 것은 당연해요. 모든 사람을 억지로 좋게 생각할 수는 없어요. 우리는 각자 취향이 다르니까요. 자기가 더 좋아하는 친구가 있는 것도 당연해요. 예수님도 친구가 있으셨어요.

    하지만 예수님처럼 다른 사람들을 사랑한다는 것은 다른 의미예요. 그것은 다른 사람들이 우리가 나쁘게 되기를 바라고 우리에게 나쁜 짓을 한다고 해도, 우리는 그들이 잘되기를 바라고 그들에게 좋은 것을 베푼다는 뜻이에요. 그들도 모두 우리처럼 하느님의 아이들이니까요.

    예수님처럼 해 봐요. 예수님께서는 만나는 모든 사람들에게 관심을 가지셨어요. 사람들에게 가장 천대받는 사람들 이야기도 귀 기울여 들으셨어요. 예수님께 나쁜 짓을 한 사람들도 용서하셨어요. 예수님께서는 모두를 위해 기도하셨어요. 예수님께서는 우리에게 조건 없이 사랑하시는 법을 가르쳐 주셨어요.

화가 막 끓어오르는데 어떻게 멈출 수가 있지요?

모든 게 짜증 난다. 사람들도, 나 자신도.
모든 걸 다 부수어 버리고 싶다. 다 날려 버리고 싶다.
막 소란을 피우고 싶다. 다 엉망으로 만들어 버리고 싶단 말이야.
그만! 난 살아 있단 말이야. 그리고 그걸 좀 알아줬으면 좋겠어!
정말 지긋지긋해!
됐어. 다시 시작됐군.
난 다시 화가 치밀어 올랐다.
마치 압력밥솥처럼 화가 부글부글 끓어올라 쾅 하고 불꽃처럼 폭발해 버리고 말았다.
지금은 내가 왜 그랬을까 후회가 된다.
하지만 이젠 어쩔 수가 없다.
왜? 왜? 왜? 아, 나도 모르겠다.
그렇게 순간적으로 화가 치밀어 올라 버리거든.
그리고 그건 너무 심했단 말밖엔 달리 할 말이 없다.
그런데 때때로 하고 싶은 말을 하는 게 힘들 때가 있다.
다른 사람들이 내 말에 귀를 기울이지 않을 때,
나를 제대로 보지 않을 때.
그럴 때 난 내 말을 하려고 그렇게 소리를 질러 댄다.
물론 그건 너무 심했다.
너무 심하게 소리 질러 댔고 너무 화를 냈다.
그런데 화가 막 치밀어 오르는 그 순간엔 아무 생각도 안 난다.
하지만 다음번엔 달라져야겠다.
나 스스로에게 약속을 해 본다.
다짐을 해 본다.
그래, 자신 있다. 결심했다!

그래, 다음번에도 화가 치밀어 오를 땐 찬찬히 시간을 가져 보자.
그땐 내가 다른 사람들 말에 귀를 기울여야겠다.
숨을 크게 들이마셔 봐야겠다.
그리고 무슨 말을 할지 찬찬히 생각한 다음에
말을 좀 골라서 해야겠다.
그래도 화가 나면?
그럼 눈을 감아 버리자.
그래도 또 화가 치밀면?
그럼 이해하려고 애써 보자.
그리고 조용히 부드럽게 내 생각을 이야기해 보자.
그래, 난 할 수 있다!
그래, 난 이제 화를 폭발시키지 않을 거야.
네가 내 말을 못 믿어도, 두고 보라고.
내기할까?

겨울에 얼어 죽는 사람들을 도우려면 어떻게 해야 해요?

12월 3일 월요일.

밖에는 눈이 온다. 난 방금 학교에서 돌아와서 따뜻한 코코아 한 잔을 들고는 푹신한 소파에 앉았다.

밖에, 우리 집 바로 아래에 어떤 아주머니가 담요를 둘둘 말아 덮고 앉아 있다. 난 그 아주머니를 자주 보지만 이름도 모르고 나이도 모른다. 그 아주머니는 늘 머리를 푹 숙이고 손을 내밀고 있는데, 난 도대체 어떻게 해야 할지를 모르겠다. 전에는 고개를 돌려 버렸었다.

지금은 그 아주머니를 보면 왠지 부끄러운 생각이 든다. 그래서 아주머니를 향해 미소를 짓는다. 하지만 그런다고 해서 그 아주머니 인생이 뭐가 달라질까? 도대체 난 그 아주머니를 돕기 위해 뭘 할 수 있단 말인가?

초등학교 때 난 의사가 돼서 '국경 없는 의사회'에서 일하고 싶었다. 그런데 아마 난 의사도 될 수 없을 것 같고 억만장자가 될 것 같지도 않고 그렇다고 대통령이 될 것 같지도 않다.

언젠가 나는 큰 할인 마트에 갔다가 사람들이 집 없는 노숙자들을 위해 음식을 모으는 것을 봤다. 그래서 나도 쌀과 우유를 냈다. 그게 그 사람들한테 확실히 도움이 될 거라고 생각한다. 그런 사람들을 위해 여러 가지 해결책을 찾기 위해 애쓰는 사람들이 있다는 것을 안다.

겨울에 큰 도시에서는 커다란 트럭이 길거리에서 자는 사람들을 찾아다니면서 먹을 것과 잘 곳을 제공해 준다. 집 없이 길거리에서 사는 노숙자들을 도와주는 단체와 정치인들도 있다. 그 생각을 하면 좀 안심이 된다.

그래! 내일은 나갈 때 그 아주머니하고 이야기를 좀 나눠 봐야겠다. 아마 그저 "안녕하세요?" 하고 인사만 할 것 같지만 그래도 그게 시작이 되겠지.

⑩

죽음, 그 후엔?

나는 죽은 뒤에는 어떻게 되나요?

소피야, 네가 죽는다는 것은 오늘처럼 여기 이런 모습으로 존재할 수 없다는 뜻이란다. 하지만 다른 모습으로 존재하게 되지. 우리가 모르는, 전혀 다른 세상에서 말이야. 죽음은 다른 세상으로 '건너가는 것'이라고 할 수 있어.

네가 아직 태어나기 전에 넌 이미 엄마 뱃속에 존재하고 있었어. 엄마 뱃속에서 나와 완전히 새로운 세상으로 오게 된 거야. 그게 첫 번째 '건너감'이었다고 할 수 있지. 넌 엄마 뱃속에서 잘 준비하면서 기다렸다가 우리들이 사는 세상 속으로 들어오게 된 거지. 우리는 죽음을 두려워하지만, 죽음 역시 새로운 탄생이라고 볼 수 있단다.

우리는 저세상, 죽음 뒤의 세상이 어떤 것인지 알고 싶어 해. 그런데 가끔 사고나 병으로 거의 죽을 뻔하다가 살아난 사람들이 있단다. 또 가끔 죽은 줄 알았는데 살아난 사람들도 있고. 그런 사람들이 그때 겪었던 느낌들을 이야기하곤 해. 커다란 터널이 있고 그 맨 끝에 밝은 빛이 보였다고 말하는 사람들도 있지. 하지만 진짜로 완전히 죽었다가 다시 돌아와서 우리에게 이야기를 해 준 사람은 하나도 없어. 그러니까 우리가 죽은 후에 어떻게 되는지는 아무도 아직 정확히 모르는 거지.

하지만 예수님께서는 하느님께서 우리 모두를 당신의 자녀로 아주 아낀다고 말씀하셨단다. 그래서 이 세상에서 우리의 삶이 끝날 때에 하느님께서 우리를 당신 품에 맞아 주실 거라는 거야. 하루 일과를 끝내고 집에 돌아오면 부모님이 우리를 안으면서 맞아 주시듯이 말이야. 그리고 하느님께서는 우리가 사는 동안 내내 우리를 도와주시고 우리 삶 전체를 비춰 주신단다. 잘 살았든지 잘못 살았든지 그래서 그때 우리는 하느님 품 안에서, 하느님께서 우리에게 아무런 나무람도 하지 않으신다는 것을 깨닫게 될 거야.

우리는 여러 번 다시 살 수도 있나요?

인생은 정말 짧아요. 정말 빨리 지나가 버려요. 우주비행사든지 탐험가든지 교황이든지 또는 시골에서 동물들과 살든지 인생은 한 번뿐이에요. 그런데 우리는 직업 또는 가족과 관계된 것처럼 뭔가 중요한 일을 크게 망치면 처음부터 완전히 새로 시작하고 싶어져요.

하지만 생각해 보세요. 우리는 단 한 번뿐인 삶을 사는 거예요. 우리가 태어났을 때 우리는 완전히 '새것' 이었어요. 우린 중고품도 재활용품도 아니에요. 우리는 태어나기 전에 어디 다른 곳에서 다른 모습으로 존재했던 적이 없어요. 무수히 많은 사람들이 이 땅 위에 태어났다가 죽었지만 우리는 그중에 그 어떤 누구도 아니었어요. 그리고 앞으로도 우리 아닌 다른 어떤 존재도 되지는 않을 거예요. 그래서 우리의 삶은 단 한 번뿐이고 삶의 매 순간들은 다시는 되돌아오지 않으니까 낭비하면 안 돼요.

다른 종교들에서는 사람이 모습을 바꿔가면서 여러 번 다시 태어날 수 있다고 생각하기도 해요. 가장 좋은 상태가 될 때까지 다른 존재로, 다른 모습으로 바뀌어 태어나는데 심지어는 동물로 태어나기도 한다는 거예요. 하지만 우리는 몸이 이렇게 저렇게 바꿀 수 있는 가면이나 변장이 아니라 진짜 우리 자신이란 걸 알아요. 어떤 사람의 얼굴이나 미소는 바로 그 사람 자체인 거예요.

그러니까 우리는 계속해서 여러 번 또다시 태어날 수 없는 거예요. 하지만 하느님께서 우리에게 주신 존재는 영원해요. 우리가 존재하는 지금 이 순간, 그것은 영원한 거예요.

천국에서는 모든 사람들이 나이가 같은가요?

천국에서 모든 사람들이 나이가 같다면 몇 살일까요? 그럼 천국은 아이들의 커다란 놀이 공원 같을까요? 아니면 나이 많으신 할머니, 할아버지들께서 모여 사시는 양로원 같을까요?

아니에요. 나이란 건 지금 이 세상에서만, 그러니까 우리가 살아 있을 때만 있는 거예요. 우리가 살아 있을 때는 날짜, 달, 해가 계속되고 우리는 그것을 세니까요. 하지만 아마 저세상, 천국에서는 나이는 더 이상 아무 소용이 없을 거예요. 시간을 셀 수 없으니까요. 어른도 아이도 없을 거예요. 우리는 모두 하느님 안에서 하나가 될 거예요. 그리고 하느님에게 우리는 모두 같을 거예요.

예수님께서는 우리가 부활할 거라고 약속하셨어요. 하지만 그때 우리 몸은 지금처럼 피곤해지고 병에 걸리기 쉬운 약한 육체가 아닐 거예요. 우리는 모든 힘을 다른 사람들을 만나는 데 쓸 수 있을 거예요. 우리는 다른 사람들을 더 잘 볼 수 있게 되고 다른 사람들 말을 더 잘 들을 수 있게 되고 다른 사람들에게 더 잘 말할 수 있게 될 거예요. 우리는 신비스러운 모습으로 변할 거예요. 그건 우리의 몸일 테지만 전혀 다른 새로운 모습으로 새로운 삶을 살게 될 거예요. 얼마나 멋진 축제가 될까요!

하지만 아무도 천국에 대해 몰라요. 어떻게 될까요? 우리는 어떤 모습일까요? 그건 신비에 싸여 있어요. 하지만 한 가지는 확실해요. 하느님께서 모두 함께 기쁨을 나누도록 우리 모두를 초대할 것이라는 사실은 확실해요. 그리고 그것이 제일 중요한 것이지요.

🌙 **우리 할머니는 오래전에 돌아가셨고 할아버지는 얼마 전에 돌아가셨는데, 하늘나라에서 두 분은 다시 만나셨을까요?**

사랑하는 할아버지,

할아버지께서 돌아가신 지 사흘 됐는데 벌써 할아버지가 너무 보고 싶어요. 그래서 이렇게 편지를 써요. 사실 일요일 저녁마다 할아버지한테 편지를 쓰곤 했잖아요. 할머니께서 돌아가셨을 때가 생각나요. 4년 전이었으니까, 제가 여덟 살 때였죠. 할머니께서 돌아가시고 나니까 할아버지께서 갑자기 확 늙어 버리신 것 같았어요. 그래도 늘 웃으시려고 애쓰셨던 것이 생각나네요.

할머니께서 돌아가시고 나서 할아버지께서는 할머니의 화초를 돌보기 시작하셨지요. 할머니께서 살아 계실 때는 할아버지께서 화초를 거들떠보지도 않으신다고 할머니께서 늘 잔소리를 하셨는데.

오늘 저는 너무 허전하고 마음이 복잡해요. 하지만 하느님께서 계시잖아요. 그래요. 하느님께서 할아버지를 보살펴 주시리라 믿어요. 하느님께서 할머니도 보살펴 주셨으니까요. 할아버지께서 하느님 곁에서 새로운 생명으로 할머니를 다시 만나셨으리라 믿어요. 그렇지 않다고는 상상할 수 없어요. 할머니랑 할아버지, 두 분은 서로 너무 사랑하셨으니까요.

사랑은 결코 지나가 버리는 것이 아니라고 생각해요. 사랑은 죽음을 넘어서는 것이니까요. 할아버지는 할머니랑 지금 무슨 이야기를 하고 계세요? 우리 이야기를 하고 계시나요? 기회가 생기면 하느님께 제가 하느님을 믿고 있다고 얘기해 주세요. 할아버지께서 이 편지를 펼쳐 보실 수 없다고 생각하면 슬프지만요. 그리고 참, 할머니께 이제 화초 걱정은 안 하셔도 된다고 전해 주세요. 두 분의 화초를 저희 집에 가져와서 제가 돌봐 주고 있거든요.

할아버지, 할머니, 전 두 분 생각을 무지 많이 해요.

사랑스러운 손녀딸 드림.

죽은 사람들하고 이야기를 나눌 수 있나요?

"슈퍼 특종! 빅 뉴스! '유령의 집'에서 유령들의 말소리 녹음!" "독점 인터뷰! 텔레비전 화면에 나타난 죽은 딸의 얼굴을 본 어머니의 생생한 증언!" "저세상 생중계! 나폴레옹의 영혼과 이야기를 나누는 사람!"

이런 것들은 모두 이야기일 뿐이에요. 환상이거나 거짓말이지요. 우리는 죽은 사람을 만질 수도 없고 죽은 사람과 이야기를 나눌 수도 없어요. 어떤 기술력으로도 절대 불가능해요. 왜냐하면 죽은 사람은 더 이상 '이곳', 우리들이 사는 이 세상 사람이 아니니까요. 죽은 사람들은 우리처럼 몸짓이나 목소리를 가지고 있는 게 아니거든요. 그리고 어떤 '장소'에 존재하는 것이 아니에요.

하지만 우리는 죽은 사람들이 우리가 상상할 수 없는 어떤 방식으로 존재한다고 생각해요. 우리는 죽은 사람들은 하느님 품 안에 있다고 생각해요. 하느님에 의해 우리는 죽은 사람들과 연결되어 있어요. 우리는 그들을 위해, 그들과 함께 하느님께 기도드릴 수 있어요. 그것이 바로 그리스도인들이 '성인들의 통공'이라고 부르는 것이에요. 그래서 우리는 몸은 사라져 보이지 않고 소리도 들리지 않아도 죽은 사람들이 우리 가까이 있다고 믿지요.

그것이 바로 죽은 사람들과 이야기하는 방법이에요.

죽은 뒤에 화장해도 부활할 수 있을까요?

인류의 역사가 끝나는 날 우리가 부활하는 모습을 상상해 보면, 마치 결혼식이 끝나고 사람들이 우르르 쏟아져 나오는 장면처럼 어마어마하게 많은 사람들 무리가 떠올라요. 서로 다시 만난 것을 기뻐하면서 손에 손을 맞잡고 춤을 추는 모습이 떠올라요. 모두 묘지와 무덤에서 나와 부활절의 봄빛 속에서 우리에게 생명을 주시고 부활을 주신 주님을 찬미하면서 춤을 추는 거예요!

그런데 그럼 그때 우리 몸은 어떤 모습일까요? 시신이 남아 있지 않은 사람은 어떻게 되지요? 사라졌거나 난파당했거나 불에 타서 시신을 땅에 묻을 수 없었던 사람들은 어떻게 되지요? 또 죽으면서 콩팥이나 눈 같은 장기를 다른 사람에게 준 사람들은 어떻게 되지요?

지금 살아 있는 우리의 몸은 '아리아드네의 실'보다도 더 정교하고 복잡하며, 엄청나게 신비스러워요. 하지만 중요한 것은 우리 몸이 우리를 움직일 수 있게 해 주고 말하고 미소 짓고 다른 사람들과 관계를 맺고 다른 사람들을 감싸 안을 수 있게 해 준다는 것이에요.

그러니까 세상 끝날 때에 주님이 우리를 부활시켜 주신다는 말은, 어마어마하게 큰 퍼즐처럼 우리 인생의 이 순간과 저 순간의 조각들을 끼워 맞추고, 우리 손과 뇌를 이루는 모든 세포들과 탄소 원자들을 찾아내는 것이 아니에요. 그런 식으로 우리 육체 자체를 다시 살려내는 것은 상상할 수 없지만 우리가 다시 이야기를 나누고 서로를 알아볼 수 있으리라는 것을 알아요.

181

🕊 부활할 것이라는 것을 아는데도 우리는 왜 죽음을 두려워하는 거죠?

하비에르의 삼촌이 돌아가셔서, 친구 보리스가 하비에르를 위로한다.

─하비에르, 무슨 일이 있니? 슬퍼 보이는구나.

─장 삼촌이 돌아가셨어. 그래서 엄마가 막 우셔.

─그랬구나. 아빠의 제일 친한 친구가 자동차 사고로 돌아가셨을 때 생각이 난다. 아빠는 세상이 끝난 것처럼 얼굴이 하얘지셨었지.

─그런데 엄마는 장 삼촌이 분명히 하느님 곁에 계실 거라고 하면서도 왜 우시는 거지?

─하느님께서 우리를 죽음에서 구해 주신다는 것을 알아도 죽는 것 자체는 끔찍할 거야. 생각해 봐. 사랑하는 사람들이 영원히 헤어지게 되는 거잖아.

─우리 몸이 다 흙이 된다고 생각하면… 으… 죽는다고 생각하면 등골이 오싹해져. 하느님께서 우리를 완전히 부활시켜 주신다는 것을 믿는다 해도 죽음을 받아들이기는 어려워.

─죽은 뒤에도 삶이 있다는 것을 증명할 수 있는 사람은 아무도 없어. 단지 그걸 믿을 뿐이지. 그런데 그걸 믿는다고 해도 죽음에 대한 두려움이 없어지거나 슬프지 않은 것은 아니야.

─내가 두려운 것은 죽은 뒤에 어떻게 되는지를 모른다는 사실이야. 바다도 산도 더 이상 볼 수 없고 모든 것이 달라진다는 것, 넌 상상할 수 있니? 난 이 세상에서의 삶, 살아 있는 것이 좋아.

─난 모든 사람들이 다 죽음을 두려워한다고 생각해. 예수님께서도 돌아가시기 전날, 기도하시면서 두려워하셨잖아.

─맞다. 그리고 라자로가 죽었을 때 울면서 슬퍼하셨지. 예수님도 친구를 빼앗아 간 죽음 때문에 충격을 받고 괴로워하셨을 거라고 생각해.

🕊 동물들도 하늘나라에 가나요?

　엘렌느는 슬픔에 잠겨 있어요. 엘렌느의 귀여운 고양이가 방금 죽었기 때문이에요. 엘렌느는 작년에 증조할아버지가 편찮으셨을 때처럼, 고양이가 낫게 해 달라고 기도했어요. 하지만 이번에는 이루어지지 않았어요. 엘렌느는 고양이를 동물 병원에 내버려두고 올 수가 없었어요.

　엘렌느는 오빠와 함께 정원에 구덩이를 파고 고양이를 묻어 주었어요. 그 앞에는 작은 십자가도 세워 주었어요. 그날 밤, 침대에 누운 엘렌느는 궁금했어요. 우리 고양이 '눈사람'도 천국에 있을까? 그 대답은 그리 간단하지가 않아요.

　네, 그래요. 하느님께서는 동물들을 사랑하세요. 성경에는 동물들이 아주 많이 나와요. 하느님 눈에 동물들은 아주 소중해요. 그러니까 하느님께서는 노아에게 방주에 동물들을 태우게 해서 홍수에서 구하셨지요. 그리고 모든 크리스마스 구유마다 예수님 둘레에 누가 있죠? 소, 당나귀, 양들, 그리고 양치기 개가 있잖아요?

　하지만 동물들은 사람은 아니에요. 고양이의 죽음은 인간의 죽음과 같은 것은 아니에요. 창조주이신 하느님께서는 다른 모든 창조물들과 마찬가지로 동물들을 아주 사랑하세요. 하지만 하느님께서는 엘렌느를 더 사랑하세요. 생각하고 말하고 사랑하는 모든 인간들을 더 사랑하세요. 하느님께서는 하느님 모습에 따라 하느님을 닮도록 인간들을 만드셨으니까요. 그리고 하느님께서는 우리 인간들과 영원히 함께 사시기를 원하세요.

　물론 엘렌느가 고양이 '눈사람'과 함께 나눈 모든 것들은 아주 소중해요. 엘렌느는 '눈사람'과 함께 놀고 보살펴 주고 길들이면서 정을 나누는 법을 배웠어요. 어린 소녀와 고양이 사이에 진정한 사랑의 추억이 있었던 거죠.

　'눈사람' 덕분에 엘렌느는 더 자상하고 더 부드럽고 더 책임감 있고 더 성실한 사람이 되었어요. 이런 것들은 쉽게 사라지지 않고 영원한 추억이 될 거예요. 고양이 '눈사람'이 한 어린 소녀를 이렇게 성장시켰다면 고양이로서 참 아름다운 삶 아니겠어요?

⑪

하느님, 우리 이야기를 들어 주세요!

우리가 기도를 드리면 하느님께서는 들으시나요?

불행에 빠졌을 때 많은 사람들은 하느님께 이렇게 소리를 지르면서 물어보지요. "하느님, 도대체 어디에 숨어 계신 거예요? 저는 고통을 겪는 것도 죽는 것도 두려워요. 하느님, 제가 괴로워할 때 도대체 어디에 계신 거예요? 제가 창피를 당할 때 도대체 어디에 계신 거예요? 제가 제 나라에서 멀리 쫓겨날 때 도대체 어디에 계신 거예요? 왜 저를 버리셨어요? 왜 제 간절한 호소를 못 들은 척하셨어요? 하느님, 전 당신을 향해 소리 지르고 있어요. 그런데 하느님 목소리가 들리지 않아요. 하느님 얼굴도 보이지 않아요. 하느님께서 제 손을 잡아 주시는 느낌도 없어요."

하느님께서는 그런 사람들에게 은밀하게 말씀하세요. "내 목소리를 들어 보렴. 나를 보고 내 손을 잡아 보렴. 내가 여기 있잖니. 바로 네 곁에서 함께 걷고 있단다. 아버지처럼 너를 안아 줄 준비를 하고서 말이야. 나는 친구처럼 네게 팔을 내밀고 형제처럼 너와 함께 울어 줄 준비가 되어 있단다."

하느님께서는 우리 말을 듣고 계세요. 하느님께서는 우리가 말하는 것을 귀 기울여 들으시고 우리에게 대답을 해 주세요. 하지만 하느님의 대답은 소리가 없어요. 하느님께서 우리에게 주시는 믿음과 우리를 강하게 만들어 주는 사람들과의 우정 속에서 우리는 하느님의 대답들 들을 수 있답니다.

그런데 기도할 때 우리는 하느님 말씀을 귀 기울여 듣고 있나요?

🌀 하느님께서 말씀하시는 것을 들으려면 어떻게 해야 하죠?

"어느 겨울날, 저는 해변에 갔었어요. 그날은 연날리기도 하지 않고 그냥 바다만 바라보고 있었는데 아무것도 없는 넓은 바다가 아주 인상적이었어요. 그러다 갑자기 하느님 생각이 났어요. 하느님께서 제 곁에서 말을 건네시는 것 같은 기분이 들었어요. 그날 이후에 혼자 아름다운 경치를 바라볼 때면 그런 기분이 들곤 해요. 저는 그런 식으로 하느님께서 말씀하시는 것을 듣곤 해요." (로랭)

"저는 성경 구절을 읽을 때 하느님께서 제게 말을 건네시는 것 같은 생각이 들곤 해요. 예를 들어서 마르타가 자기는 예수님을 위해 바쁘게 식사 준비를 하는데, 동생 마리아가 일을 거들지는 않고 예수님 앞에서 이야기만 듣고 있다고 예수님한테 불평하는 부분을 읽을 때는 마치 하느님께서 제게도 이렇게 말씀하시는 기분이 들었어요. "얘, 폴린느야, 넌 마르타 같구나. 너무 분주하게 이일 저일 쫓겨 다니는 거 아니니? 마리아처럼 진짜 중요한 게 뭔지 들어 보렴." (폴린느)

"미사를 드리러 갈 때 저는 하느님 말씀을 들으러 가는 것 같아요. 그리고 혼자 있을 때는 가끔 그냥 하느님 생각이 나곤 해요. 갑자기 학교에서 그리고 버스에서 하느님 생각이 난 적도 있어요. 마치 하느님께서 제 마음속에 찾아오신 기분이었어요. 또 가끔 누군가가 나한테 하느님에 대한 이야기를 할 때 어떤 말이나 몸짓 때문에 하느님 생각이 나고, 하느님께서 제게 말씀을 하시는 것 같은 생각이 들곤 해요" (줄리앙)

왜 "성부와 성자와 성령의 이름으로" 이렇게 말하는 거죠? "하느님, 안녕하세요?" 이렇게 말하지 않고 말이에요

오늘 아침,
해님이 환하게 떠오를 때
저는 그냥 이렇게 쉽게 인사하고 싶어졌어요.
"하느님 아버지, 예수님, 성령님, 안녕하세요?"

하느님, 하느님께서는 나의 하느님이시고 나의 아버지시고 나의 빛이세요.
예수님, 예수님께서는 나의 주님이시고 나의 형제시고 나의 친구예요.
성령님, 성령님은 나의 마음이라는 것을 난 알아요.

나는 매일 이렇게 인사를 할 수 있었으면 좋겠어요.
세례를 받을 때 나는 이렇게 말하는 걸 배웠어요.
"성부와 성자와 성령의 이름으로"
그리고 나는 기도를 시작할 때
이마와 양 어깨에 손으로
예수님의 십자가 표시인 성호를 긋는 것을 좋아해요.

오늘 아침에 저는
"안녕하세요." 한 번으로 세 분께 다 인사했어요.
하느님을 사랑하니까요.

저는 하느님께 무슨 말로 기도를 드려야 할지 정말로 모르겠어요

있잖아요, 아이들만 그런 게 아니랍니다. 그리고 그건 그렇게 속상해할 일이 아니에요. 그런데 사실 기도하는 것이 그렇게 어렵기만 한 것은 아니에요. 자, 그럼 다른 신자들은 하느님께 어떻게 기도드리는지 한번 볼까요?

"하느님, 저를 사랑하신다면 당신이 뭘 원하시는지를 제게 설명해 주세요. 제가 당신 말씀을 이해할 수 있게 해 주세요."
"주님, 사랑해요. 주님은 제 힘이세요."
"저는 너무 불행해요. 도대체 왜 저를 태어나게 하셨나요?"
"주님 전 나쁜 짓을 했어요. 제 모든 죄를 용서해 주세요."
"너무 기뻐서 날아오를 것 같아요. 하느님께서 저를 구원해 주셨으니까요."

이 기도들은 성경에 나오는 기도들이에요. 모세, 다윗, 야곱, 마리아 같은 분들이 바친 기도들이지요. 친구한테 이야기하는 것처럼 우리는 하느님께 무슨 말이든지 다 할 수 있어요. 하느님께 여러분의 기쁨, 고통, 화, 바라는 것을 다 이야기하세요. 마음에 떠오르는 질문을 해도 좋고요. 그러면서 조금씩 기도하는 법을 배워 나가게 되거든요. 또 '주님의 기도'라든가, '성모 찬송'이라고 부르는 마리아님의 기도라든가 프란치스코 성인의 '평화의 기도'라든가 여러분이 배운 기도문들을 외우거나 노래하면서 하느님께 바칠 수 있어요. 기도들은 아주 많고 마음대로 선택할 수 있어요. 하느님의 아름다움을 찬미할 수도 있고 감사하다고 할 수도 있고 용서를 구하거나 뭔가 원하는 것을 청할 수도 있어요.

그리고 믿음을 가지세요. 성령이 여러분이 뭘 말할지 알려 주실 거예요. 또 성령이 우리에게 우리의 아버지 하느님의 품 안에서 조용히 침묵하면서 머무르는 법을 가르쳐 주실 거예요. 아니면 성경의 한 구절을 맛보는 법을 가르쳐 주실 거예요. 바로 거기에서 하느님께서 우리에게 말씀을 하시거든요. 귀 기울여 하느님 말씀을 듣는 것, 그것 역시 기도랍니다.

🌙 우리 엄마가 아프셨을 때 낫게 해 달라고 열심히 기도 드렸는데, 하느님께서 제 기도를 안 들어주셨어요

아르멜은 너무 슬퍼서 절망감에 빠져 있어요. 그래서 소리 지르며 화를 내고 있어요. 아빠는 아르멜의 말에 대답하려고 애쓰고 있어요.

―아빠, 난 하느님이 미워요. 원망스러워요. 난 기도하고 또 기도했어요. 그런데 그게 무슨 소용이었죠? 아무 소용없었어요. 결국 엄마는 돌아가셨잖아요! 하느님께서는 뭐든지 다 하실 수 있다고 믿었어요. 하느님께서 엄마를 사랑하시니까 구해 주실 거라고 생각했어요. 그리고 우리가 이렇게 괴로워하고 슬퍼하는 것을 보시면 우리를 위해 뭔가 해 주실 거라고 생각했어요. 그런데, 내가 잘못 생각했던 거예요. 속았어요!

―아르멜, 내 말을 들어 보렴. 아빠도 무지 괴롭단다. 그렇지만 말이야, 이 모든 것에도 불구하고 하느님께서 우리를 사랑하시고 우리의 행복을 원하신다는 것을 안단다. 하느님께서는 우리의 고통을 이해하시고 우리와 함께 계신단다. 오늘 너와 나, 우리가 이렇게 울고 있을 때 하느님께서는 우리를 훨씬 더 사랑하신단다. 하지만 하느님께서는 요술 지팡이를 휘둘러서 모든 것을 바꾸어 놓는 요술쟁이가 되길 원하지는 않으신단다. 엄마

는 나을 수가 없는 상태였어. 그래서 때가 돼서 돌아가신 거야.

―그럼 하느님께서는 그 정도 힘도 없으시단 말이에요?

―내 생각에 하느님의 힘은 그런 능력이 아니라 사랑의 힘이야. 지금 이 순간 여기에 하느님께서는 우리를 잊지 않고 함께 계신단다. 우리 곁에서 우리에게 살아갈 용기를 북돋아 주고 계시지.

―하지만 기도를 해서 낫는 사람들도 있잖아요. 그럼, 그건 어떻게 된 거예요? 왜 그 사람들은 나았어요? 루르드에선 기적도 많이 일어난다면서요?

―맞아, 그런 일들도 있지. 아빠는 기적이란 결국 생명이 승리할 거라는 것을 보여 주시기 위한 하느님의 윙크 같은 거라고 생각해. 그리고 엄마가 완전히 다른 모습으로 새로운 생명으로 하느님과 함께 있다는 걸 생각해 봐.

―하지만 난 엄마가 나랑 함께 있는 게 더 좋아요.

―그래, 네 마음 이해해. 하지만 언젠가, 석 달 후 아니면 20년 후에 네 기도가 아무 소용없는 게 아니었다는 걸 깨닫게 될 거야. 하느님께서 너에게 관심을 쏟고 계셨다는 것을 이해하게 될 거야. 하느님께서 네가 잘 자라고 더 훌륭해질 수 있도록 도와주셨다는 것을 알게 될 거야. 네가 생각했던 것 이상으로 말이야. 그러니 하느님을 믿고 맡기렴.

―힘들어요! 그런 날이 올 때까지 엄마 없이 사는 법을 배워야만 되겠어요. 하느님께서 우리를 도와주지 않으신다면 난 앞으로 어떻게 살아가야 할지를 알 수 없을 거예요.

하느님께서는 너무 바쁘셔서 우리에게 일일이 다답해 주실 수 없는 건가요?

가끔 어떤 사람들은 하느님을 지구라는 거대한 기업을 경영하는 바쁜 사업가로 상상하기도 해요. 하느님께서 일종의 슈퍼 컴퓨터로 모든 일들을 처리하시고 사람들의 요구에 일일이 다 답해 주시는 거예요. 모든 사람들이 원하는 것을 다 들어주시고 세상의 모든 문제들을 다 해결해 주시는 하느님을 상상하는 것이지요.

하지만 하느님께서는 지구라는 커다란 공장의 사장이 되는 것을 원하지 않으셨어요. 하느님께서는 우리 인간들 각자가 자유롭게 자신의 삶을 결정해 나가기를 원하셨어요. 그렇다고 하느님께서 우리에게 관심이 없으시다는 뜻은 아니에요. 오히려 반대예요. 그래서 예수님께서는 하느님을 아이들이 잘 자라도록 도와주시는 아버지와 같다고 말씀하셨어요.

그런데 하느님께서는 어떻게 모든 자녀들과 잘 지내시는 걸까요? 그건 하느님의 비밀이에요. 하지만 하느님께서 계시다는 것을 상상하기조차 어려울 때도 하느님께서는 아주 가까이 계시고, 우리를 믿으세요.

왜 마리아님께 기도를 드리는 거예요?

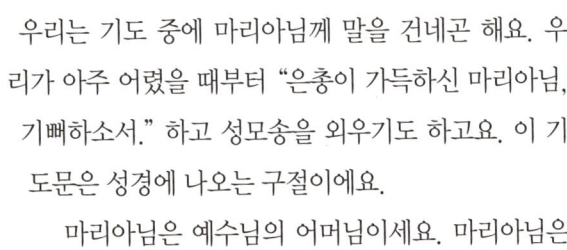

우리는 기도 중에 마리아님께 말을 건네곤 해요. 우리가 아주 어렸을 때부터 "은총이 가득하신 마리아님, 기뻐하소서." 하고 성모송을 외우기도 하고요. 이 기도문은 성경에 나오는 구절이에요.

마리아님은 예수님의 어머님이세요. 마리아님은 우리가 예수님을 잘 알 수 있도록 도와주세요. 또 마리아님은 당신 아드님이신 예수님의 형제이자 친구인 우리들을 지켜 주시고 돌봐 주세요.

예수님께서는 돌아가시기 직전에 마리아님이 우리들의 어머님이라고 제자 요한에게 말씀하셨어요. 마리아님은 특히 걱정거리가 있을 때 엄마처럼 우리 마음을 이해해 주신다는 것을 알아요. 하지만 마리아님은 하느님이 아니라는 것도 우리는 잘 알아요.

그러니까 물론 우리는 하느님이나 예수님, 성령님께 기도하는 것처럼 마리아님께 기도하는 게 아니에요. 우리가 마리아님을 부르는 것은 '우리를 위해 기도해 주세요' 라고 부탁하기 위해서예요. 마리아님은 우리보다 정말 훨씬 기도를 잘하시니까요. 마리아님은 언제나 우리 곁에서 우리 편을 들어주시니까요.

마리아님은 우리와 함께 기도하시고 우리는 마리아님과 함께 기도해요. 우리가 외롭다고 느낄 때 "성 베드로님, 우리를 위하여 빌어 주세요. 성 바오로님, 우리를 위하여 빌어 주세요." 이렇게 성인 이름을 부르며 기도를 하잖아요. 모든 성인 이름을 부르며 하는 '성인 호칭 기도'도 있잖아요. 성인들은 하느님의 친구들이고 마리아님은 그 모든 성인들 중에서 제일 첫 번째 성인이시지요. 마리아님은 "주님은 찬미 받으소서"라고 기도하시면서 함께하자고 우리를 초대하세요.

왜 예수님께서 매달려 계신 십자가 상을 여기저기에서 볼 수 있는 거죠?

우리는 곳곳에서 여러 크기의 십자가를 볼 수 있어요. 종탑이나 교회에서 커다란 십자가를 볼 수 있어요. 또 메달이나 목걸이, 귀고리, 작은 배지에서도 볼 수 있어요. 그렇게 여기저기에 지니고 다니는 걸 보면 그리스도인들은 십자가를 아주 자랑스러워하나 보죠?

하지만 사실 십자가는 죽음을 떠오르게 하는 것이에요. 십자가는 옛날에 사람을 사형시킬 때 쓰던 도구였거든요. 전기의자나 단두대 같은 무시무시한 사형 도구였어요. 게다가 십자가는 다른 도구보다 훨씬 잔인했어요. 그런데 어떻게 그리스도인들은 '하느님의 아드님'을 상징하는 이미지로 그런 끔찍한 사형 도구를 택했을까요?

확실하진 않지만 아마 예수님의 첫 번째 제자들이 택했을 거예요. 그 당시 십자가는 수치와 실패를 의미했어요. 그래서 사람들은 그들을 비웃었어요. 십자가에 사형당한 자의 제자들이라고.

그렇지만 사람들은 조금씩 다르게 생각하게 됐어요. 그래요. 사실이에요. 예수님께서는 그렇게 비참하게 십자가에서 돌아가셨어요. 인간의 마음을 병들게 하는 악 때문에, 예수님께 사형 선고를 내린 사람들의 사악함 때문에 말이에요. 우리에 대한 사랑 때문에 예수님께서는 죽음을 두려워하지 않고 우리 모두를 사랑하신다고 곳곳에 알리고 다니셨어요. 그리고 결국 하느님께서는 예수님 말씀이 옳으셨다는 것을 보여 주셨지요. 십자가에 못 박혀 돌아가신 예수님을 하느님께서 사흘 만에 부활시키셨으니까요.

그러니까 십자가는 예수님의 죽음뿐만이 아니라 미움과 죽음을 넘어선 예수님의 승리,

예수님의 부활을 상징하는 표시가 된 거예요. 그러니까 우리 그리스도인들에게 십자가는 자랑스러운 깃발 같은 것이지요. 우리는 우리를 그토록 사랑하신 예수님의 친구라는 것이 자랑스럽다는 것을 보여 주는 것이지요.

'주님의 기도'는 왜 그렇게 어려워요?

'주님의 기도'는 이해하기 어려울 수도 있지만 사실은 아주 간단한 기도랍니다.

'거룩히 빛나시며'나 '일용할 양식' 같은 말은 보통 때 자주 쓰는 말은 아니지요. 이 기도문은 예수님께서 직접 하신 기도문이라 예수님께서 사셨던 시대에 사람들이 자주 쓰던 표현들인데 바꾸지 않고 그대로 써서 오늘날에는 이해하기 어려울 수도 있어요. 이 기도문은 다양한 언어로 번역돼서 2,000년이 지난 오늘날까지 수많은 사람들이 예수님처럼, 예수님과 함께 외우고 있어요.

'주님의 기도'의 첫 부분은 우선 우리가 하느님을 사랑한다고 말씀드리는 거예요. 우리에게 중요한 것이 무엇인지, 예수님께서 말씀하신 '아버지의 이름', '아버지의 나라', '아버지의 뜻'에 우리가 관심이 있고 열정이 있다고 말씀드리는 것이지요. 그렇게 해서 하느님의 위대한 뜻이 실현되도록, 모든 사람들이 하느님의 자녀라는 것을 깨닫도록 우리는 행할 준비를 하는 거예요.

그리고 '주님의 기도'의 두 번째 부분은 우리가 살아가는 데에 필요한 것을 달라고 하느님께 간청하는 거예요. 우리 몸과 마음에 필요한 '양식'과 우리를 '악'에서 구해 줄 '용서'를 달라고 기도하는 거예요.

그러니까 사실은 "아빠, 안녕히 주무셨어요? 엄마, 안녕히 주무셨어요?" 하는 인사처럼 단순한 거예요. 어떨 때는 "하늘에 계신 우리 아버지"라는 첫마디만으로 충분할 때도 있어요. 거기에는 모든 것이 들어 있어요. "예수님의 아버지이신 하느님, 그리고 모든 사람들의 아버지이신 하느님, 당신은 예수님의 아버지이시고 모든 사람들의 아버지시고 바로 나의 아버지십니다. 그래서 저는 행복합니다"라고 말하는 것이니까요.

⑫ 인생에 돛을 달고!

☾ '사랑하라', 그게 무슨 뜻이에요?

저는 좋아하는 게 아주 많아요.

초콜릿 먹기, 연날리기, 풀밭에 누워서 책 읽기, 전화로 수다 떨기, 맨발로 모래 위 걷기, 만년필로 글씨 쓰기, 비행기 타기. 이런 것들을 다 아주 좋아해요.

그리고 나탈리, 가브리엘, 카미유, 빅토르, 피에르, 그리고 루이스도 좋아해요. 엄마, 아빠, 언니, 오빠, 동생도 좋아해요. 얼마 전에 만난 친구들도 좋아하고 오래된 친구들도 좋아해요. 초콜릿이나 비행기, 전화보다 친구들을 더 좋아해요. 가족이랑 친구들은, 그런 것들과는 아주 다르거든요.

저는 그들을 사랑해요. 제가 그들과 관계가 있으니까요. 그들은 세상에 딱 하나밖에 없으니까요. 다른 것과는 바꿀 수 없으니까요. 그들과 함께 있으면 제 삶이 달라지고, 그들이 없다면 제 삶은 텅 비어 버릴 거예요. 저는 그들을 사랑해요. 그들 곁에 있으면 제 기분이 좀 더 좋아지는 것 같으니까요. 저는 그들을 사랑해요. 그들이 저를 사랑하니까요.

그리고 그 사랑이 제 삶을 채워주고 풍요롭게 해 주고 제 삶에 날개를 달아 주니까요. 그런데 전부는 아니지만, 제가 좋아하지 않는 사람들도 있어요. 미운 사람도 있고, 저도 모르게 잊어버리게 되는 사람도 있고 변해 버린 것 같아 섭섭한 사람도 있고 도무지 관심이 안 가는 사람도 있어요. 그 사람들을 생각할 때면 저는 자주 바로 당신, 나의 하느님이 생각나요. 그리고 예수님의 말씀이 생각나요. 예수님께서 이 땅에 오셨을 때, 우리에게 숙제처럼 남겨 주셨던 말씀, "내가 너희를 사랑하는 것처럼 너희도 서로 사랑하여라." 그 말씀 말이에요.

하느님, 당신이야말로 바로 사랑이세요. 사랑이란 바로 당신이고요. 사랑이신 나의 하느님, 저에게 기쁨을 주세요. 당신이 그 사람들을 사랑하시는 것처럼, 제가 만나는 모든 사람을 사랑할 수 있는 기쁨을 주세요.

어떻게 하면 사람들을 행복하게 해 줄 수 있죠?

마치 요술을 부리듯이 짠~ 하고 모든 사람들을 행복하게 해 줄 수 있다면 얼마나 좋을까요? 요술 지우개로 불행은 싹 지워버리고 미소와 행복을 가져다줄 수 있다면? 하지만 꿈같은 얘기죠. 불행을 지워 주는 지우개 같은 건 없답니다. 앞으로도 발명될 수 없을 거예요. 그러니까 다른 방법을 생각해 봐야 해요.

우선 우리 주변에서 일어나는 일들을 살펴볼까요? 내가 더 자주, 더 많이 웃으면 사람들이 더 행복해진다는 사실, 아시죠? 좋은 기분이든 나쁜 기분이든 기분은 다른 사람들에게 전염되거든요. 내 주변에 좋은 기분, 행복한 마음을 많이 나눠 주는 것, 바로 작은 불행들을 없애 주는 훌륭한 방법 중 하나예요.

때때로 우리는 아주 오랫동안 깊은 고통과 불행에 빠져 괴로워하는 사람들을 만나기도 해요. 하지만 그때도 역시 우리가 할 수 있는 작은 일들이 있답니다. 친절한 말 한마디, 따뜻한 포옹, 정말 보잘것없는 작은 선물 같은 것들이 그런 사람들에게는 힘이 될 거예요. 비록 불행의 원인이나 슬픔과 괴로움을 한 번에 다 없애줄 수는 없겠지만요.

아주 먼 곳에 있는 사람들 중에서 고통받고 큰 불행을 겪고 있는 사람들이 있다는 것을 알면 그 사람들을 위해서도 뭔가 할 수 있을 거예요. 모르간은 초콜릿 케이크를 만들어서 학교 축제 때 팔려고 해요. 그래서 그 돈을 베트남에 있는 나병 환자들에게 보낼 계

획이에요. 그렇게 모르간과 모르간의 친구들은 행복을 조금씩 나눌 수 있겠지요.

사실 사람들을 행복하게 만드는 비법은 마치 다른 사람들은 이 세상에 존재하지 않는다는 듯이 자기만 생각하며 행동하지 않는 것이에요. 그리고 아주 작고 보잘것없어 보이는 일일지라도 다른 사람들을 위해 할 수 있는 뭔가를 생각해 내고 실천하는 것이에요. 그것이 바로 하느님께서 우리를 사랑하시는 방식이지요. 겨자씨의 비유처럼 하느님께서는 아주 작은 행복의 씨앗으로 커다란 행복 나무를 만드세요. 그래서 모든 사람들이 그 그늘 아래서 쉬면서 영원한 행복을 누릴 수 있지요.

예수님께서는 정말 우리가 원수까지도 사랑하기를 바라시는 거예요?

저는 예수님을 따라다니는 제자들 중 하나예요. 오늘도 아침부터 계속 예수님을 따라다녔지요. 뜨거운 바람과 먼지 때문에 너무 지친 우리는 올리브 나무 아래에서 잠시 숨을 돌리며 쉬고 있었습니다. 예수님께서도 우리와 함께 쉬고 계셨는데 마른 나뭇가지를 하나 집어서 땅에 뭔가를 그리셨습니다. 아무도 예수님을 방해할 수 없어서 그저 바라보고 있었습니다.

그런데 예수님께서는 굉장한 말씀을 하셨습니다. "너희는 '네 이웃을 사랑하고 네 원수를 미워하라'고 배웠을 것이다. 하지만 오늘 나는 너희에게 말한다. 네 원수까지도 사랑하여라."

그때 저는 속으로 생각했어요. '말도 안 돼! 우리 땅을 차지한 로마 병사들을 사랑하란 말이야? 날마다 우리를 괴롭히고 못살게 굴고 우리가 기도할 때면 우리를 비웃고 우리에게 욕을 해대는 로마 병사들을 사랑하라니! 아니야, 말도 안 돼! 우리를 미워하는 사람들을 어떻게 사랑할 수 있어? 우리가 싫어하고 우리하고 싸우는 사람들을 어떻게 사랑할 수 있단 말이야? 말도 안 돼!'

하지만 생각해 보니 예수님께서는 당신에게 돌을 던지는 사람들도, 하느님의 이름으로 말을 하고 다닌다는 이유로 예수님을 체포하려는 사람들도 다 사랑하세요. 그리고 예수님께서는 계속 말씀하셨어요. 원수를 사랑한다는 것은 원수를 용서하는 법을 배우는 것이지, 그가 한 나쁜 일들에 동의하거나 원수들과 어울려 다니라는 뜻이 아니라고 말씀하셨어요. 원수까지 사랑한다는 것은 하느님과 함께, 하느님처럼 원수까지도 사랑한다는 뜻이라고 하셨어요.

생각해 보니 하느님께서는 마치 세상의 부모님들이 자식을 사랑하듯이 아니 그것보다 훨씬 더 깊이 강하게 우리 모두를 사랑하세요. 그러니까 우리 모두는 형제처럼 서로를 사랑해야겠지요.

일요일마다 미사에 꼭 가야 해요?

"한 주가 시작되는 첫날에 우리는 빵을 떼어 나누려고 모였다. 이튿날 떠나기로 되어 있어서 바오로가 형제들에게 이야기하기 시작했는데……."

이 구절은 성경 책, 사도행전 20장에 나오는 말씀이에요. 이건 예수님께서 돌아가시고 부활하신 후 58년째 되던 해 과월절 날에 트로아스라는 소아시아의 작은 항구 마을에서 일어난 일이에요. 이렇게 '빵을 떼어 나누는 것', 즉 '주님의 만찬'이 바로 미사예요.

그날 에우티코스라는 젊은이가 말씀을 듣다가 잠이 들어서 그만 창문에서 떨어졌는데 다행히 바오로가 끌어올렸다는 이야기가 나와요. 그러니까 그리스도인들은 2,000년 전부터 '한 주가 시작되는 첫날'에 모이는 관습이 있었던 거예요. 그날은 바로 예수님께서 부활하신 날이라 '주님의 날', '주일'이라고 부르는데 바로 지금의 일요일이지요. 그러니까 우리는 단지 형제들, 즉 다른 그리스도인들을 만나기 위해서만 주일날 미사에 가는 것이 아니라 말씀의 전례에서 하느님의 말씀을 듣고 영성체 때 그리스도의 몸을 받아 모셔 영혼을 살찌우려고 가는 거예요.

그러니까 주일마다 미사에 가는 것은 그리스도인들에게 아주 중요한 것이지요. "매일 먹고 씻고 해야 하나? 가끔 하면 안 되나?" 하고 질문하는 사람은 아무도 없잖아요. 게다가 마치 사랑하는 사람에게 편지를 안 쓰다 보면 점점 더 할 말이 없어지게 되는 것처럼, 미사에 자꾸 빠지다 보면 점점 더 관심과 흥미를 잃게 돼요.

미사에 가기 싫다는 생각이 든다면 그건 미사가 지루하게 느껴져서일 거예요. 그럴 때는 표현을 해도 돼요. 때때로 어린이들을 위한 특별한 미사도 준비되어 있으니까요. 또 가끔 말씀의 전례 때 책 읽기 봉사를 한다든지, 신자들의 기도 때 기도를 바친다든지, 봉헌 예절 때 예물 봉헌을 한다든지, 성가대에 참여해서 성가를 부른다든지 할 수도 있어요. 그렇게 하는 게 졸다가 창문에서 떨어지는 것보다는 나을 테니까요.

우리 부모님은 내가 커서 직접 선택하라고 유아 세례를 주지 않으셨어요. 잘하신 건가요?

사랑하는 내 조카야,

편지 잘 받았단다. 그리고 내 축일 축하해 줘서 고마워. 너희 부모님이 너에게 유아 세례를 시켜 주지 않으신 것에 대해 곰곰이 생각해 보았단다. 네가 태어났을 때 너희 부모님들은 네가 그리스도인이 될지 안 될지를 네가 나중에 자라서 스스로 결정하게 하려고 하신 것 같아. 네 자유를 존중한다는 것을 그런 식으로 보여 주고 싶으셨던 것이지.

그러니까 넌 운이 좋은 거야! 이제 넌 결정을 내릴 준비를 해야 해. 천천히 신중하게 생각해 보렴. 나한테 찾아와서 의논해도 좋아.

나는 태어나자마자 우리 부모님께서 유아 세례를 받게 해 주셨어. 우리 부모님한테 세례란 우리를 하느님의 사랑받는 자녀로 만들어 주는 보물처럼 소중한 일이거든. 그래서 그분들은 내가 태어나자마자 당장 세례라는 보물을 받게 해 주고 싶으셨던 거지. 이름을 지어 주실 때나 이유식을 고를 때처럼 그분들은 그분들이 보시기에 제일 좋은 것을 나를 위해 선택하셨던 거야. 그때 난 아기였으니까 아무것도 결정할 수 없었어. 하지만 나는 세례가 의미 있다고 생각해서 지금 그리스도인이 되었지. 내 인생은 나를 행복하게 해 주는 어떤 의미를 가지고 있단다. 난 지금 자유로워. 너도 역시 자유로워. 그걸 절대 잊지 마.

그럼, 안녕~

크리스토프 삼촌이.

'견진성사'가 뭐예요?

내가 전에 줄리가 견진성사 받는 걸 봤는데 그 이야기를 해 주마.

그날 중학교 3학년쯤 되는 아이들 스무 명이 견진성사를 받았단다. 성당에는 사람들이 가득 찼고 주교님께서 오셨지. 주교님은 우리 교구에서 제일 높으신 분이시고 예수님을 대신하는 분이시란다. 주교님께서 스무 명의 아이들 머리 위로 손을 뻗으시면서 하느님 아버지께 이렇게 기도를 하셨어. "이들에게 당신의 성령을 보내 주소서. 이들에게 지혜와 깨달음의 성령과, 의견과 굳셈의 성령과, 지식과 효성의 성령을 보내 주시며, 주님을 두려워하는 경외심을 갖도록 성령을 보내 주소서."

그리고 나서 줄리와 다른 아이들의 이마 위에 '성유'라는 향기로운 기름으로 십자가를 그어 주셨어. 성유는 그리스 말로 '크리스마'라고 하는데 '그리스도'가 떠오르지. 그렇게 한 사람 한 사람마다 성유로 이마에 십자가를 그으면서 주교님은 "성령 특은의 날인을 받으소서"라고 말씀하셨어. 하느님의 선물인 성령의 표시를 받으라는 뜻이지. 그때 줄리의 대모님이 바로 옆에 서 계셨지. 그렇게 해서 줄리는 견진성사를 받았단다. 하느님께서는 우리와 함께 하느님의 영, 하느님 생명의 숨결을 나눔으로써 우리 곁에 아주 가까이 다가오시는 거란다.

견진성사는 세례성사나 성체성사처럼 거룩한 '성사'란다. 사실 우리는 세례성사 때 이미 성령을 받았지. 하지만 성장하려면 새로운 힘이 필요한 법이잖아? 견진성사는 우리에게 숨결을 다시 불어넣어 주는 거라고 할 수 있지. 그리고 우리가 그리스도인으로서 확실하게 자리 잡을 수 있도록 도와주는 거야. 견진성사를 받고 나서부터 우리는 예수님의 열두 제자처럼 복음을 더 효과적으로 전하는 사람이 돼야 하는 거야.

그러니까 견진성사를 받기 위해서는 잘 준비를 해야 한단다. 줄리도 몇 달 동안 다른 그리스도인들을 만나 같이 기도하고 왜 견진성사를 받기로 마음먹었는지를 주교님께 편지로 썼단다. 그러니까 견진성사는 성숙한 '어른 그리스도인'이 되는 첫 번째 선택인 셈이야.

왜 세례받을 때 이마에 물을 붓나요?

물은 생명을 뜻해요. 사람도 동물들도 식물들도 물이 없으면 살 수 없으니까요. 특히 예수님께서 사셨던 나라같이 메말랐던 곳에서는 우물이 생명줄이 되곤 하지요. '행복에 빠졌어요'라든가 '물 만난 물고기처럼'이라는 표현도 있죠? 세례를 받는다는 것은 하느님의 사랑 속에 빠지는 것, 그 속에 푹 잠기는 것이에요.

또 물은 씻는다는 것을 뜻해요. 예수님보다 앞서서 예언자 요한이 요르단 강에서 사람들에게 몸을 물속에 푹 담그게 하고 세례를 줬는데, 그것은 죄를 씻기 위한 의식 같은 것이었어요. 그래서 사람들은 요한을 '세례자 요한'이라고 부르게 됐지요.

예수님도 나중에 제자들에게 그렇게 하셨어요. 이렇게 물로 세례를 받는 것은 그리스도인으로서의 삶, 완전히 새로운 삶으로 들어가는 시작이 되는 거예요. 그리고 예수님의 죽음과 부활 이후에는 여기에 새로운 의미가 생기게 됐어요. 세례 때 물속에 몸을 담그는 것은, 마치 물에 빠져 죽을 뻔하다가 다시 솟아오르듯이 예수님께서 죽음을 넘어 하느님에 의해 부활되셨다는 사실을 떠오르게 해 줘요.

우리도 세례를 통해서, 우리를 죽음으로 이끌고 우리를 두려움에 빠지게 하는 모든 것들을 예수님과 함께 물리치는 승리자가 되는 거예요. 예수님과 함께라면 뭐가 두렵겠어요? 예수님의 아버지이신 하느님께서는 아들이신 예수님에게 말씀하신 것처럼 우리에게도 당신이 바로 우리의 아버지이시라고 말씀하세요. 그리고 우리에게 성령을 보내 우리에게 힘을 주세요.

세례받을 때 물속에 온몸을 담그면 이런 것들이 더 잘 이해될 거예요. '세례'는 원래 그리스 말로 '물속에 잠기다'라는 뜻에서 왔다고 해요. 하지만 요즘은 세례 때 몸을 물속에 완전히 담그는 대신 이마에 물을 조금 붓기만 해요. 그것이 훨씬 편하니까요.

왜 첫 영성체를 하는 거죠?

사랑하는 우리 첫 영성체반 어린이들에게-

너희들과 함께 보낸 시간들은 아주 행복했단다. 나는 너희들에게 첫 영성체를 위한 교리를 가르치는 게 정말 좋았어. 그런데 내가 갑자기 이사를 가게 돼서 너희들이 첫 영성체를 받을 때까지 계속 도와줄 수가 없게 됐단다. 그래서 이렇게 편지로라도 몇 마디 남기고 싶어. 이제 첫 영성체를 하게 되면 너희들은 마치 한가족이 모여서 식사를 할 때처럼, 진짜 너희 자리를 잡고 앉게 되는 것이란다. '그리스도교 공동체'라는 가족의 식탁에 말이야. 그리고 이 그리스도교 공동체라는 가족은 저 멀리 영국의 런던에서부터 브라질의 리우데자네이루에 이르기까지, 아비드지안에서 도쿄에 이르기까지, 국경도 시간도 뛰어넘은 한가족이란다.

처음으로 영성체를 하게 되는 날은 생일이나 큰 축젯날처럼 축하를 많이 받는단다. 이 기쁜 날 다른 그리스도인들은 너희들을 축하해 주고 환영해 주지. 그때부터 너희는 성찬의 전례에 완전히 참여할 수 있게 되는 거야. 첫 영성체를 하기 전까지는 하느님의 말씀만 받아먹었지만 이때부터는 '하느님의 빵', 즉 '그리스도의 몸'을 받아먹게 되는 거야. 그러니까 앞으로도 계속 정성껏 잘 준비해야 한단다.

너희들은 이제 며칠 후면 아주 특별한 시간을 가지게 될 거야. 그리고 조금씩 너희는 영성체가 어떻게 예수 그리스도와 아버지 하느님에게 우리를 일치시켜 주는지를 더 잘 이해할 수 있게 될 거야. 영성체는 우리 모두를 한형제로 만들어 주니까.

이게 바로 영성체를 하는 이유란다. 우리는 살아가면서 일생 동안 이런 영혼의 양식이 필요하단다. 예수님께서는 우리에게 이 양식을 끝없이 주신단다. 마치 호숫가에서 빵 다섯 개와 물고기 두 마리로 수많은 군중을 배불리 먹이셨던 것처럼 말이야. 그 이야기 기억나지?

너희들이 첫 영성체를 기쁘게 잘하기를 바라. 그리고 그 이후에도 계속 잘 해나가리라고 믿어.

너희들의 다정한 친구, 아녜스 선생님이.

왜 교리를 배우는 거죠?

수수께끼 :
어디에 가면 예수 그리스도를 만나고 예수님 말씀을 들을 수 있을까요?
어디에 가면 왜 그렇게 많은 사람들이 예수님을 하느님의 아드님이라고 믿는지 그 이유를 알 수 있을까요?
어디에 가면 누가 그리스도인인지를 설명해 주는 그리스도인을 만날 수 있을까요?
어디에 가면 '기도'가 뭔지를 알 수 있을까요?
어디에 가면 그리스도인은 아니지만 그래도 하느님을 믿는 사람들에 대해 함께 이야기 나눌 수 있을까요?

정답 : 성당 주일학교

교리를 배우러 다니는 이유는 여러 가지가 있을 거예요.
호기심 때문에 다니기도 하고 친구가 가자고 해서 가기도 하고 가톨릭 학교라서 의무적으로 가기도 하고, 보통은 부모님이 보내서 다니는 경우가 제일 많죠. 아이가 세례를 받을 때 부모님은 그 아이에게 예수 그리스도와 성경과 교회를 알게 할 기회를 주겠다고 약속을 하거든요. 그리고 교리를 배우면서 우리는, 아이와 어른 모두 함께 그리스도인으로 사는 법을 배울 수 있답니다.

왜 어떤 사람들은 교회에서 결혼식을 올리나요?

저는 얼마 전에 결혼식 초대장을 받았어요. 거기엔 이렇게 쓰여 있었어요. "카롤린느와 실뱅이 노트르담 성당에서 6월 13일 날 결혼식을 올려요. 오셔서 많이 축하해 주세요." 그 초대장을 보고 난 결혼식에 대해서 생각해 봤어요.

우리 집 바로 앞에 시청이 있는데 거기에서 결혼식을 막 끝내고 나오는 신혼부부는 많이 봤지만 성당에서 결혼식을 하는 것은 자주 보지 못했어요. 그래서 궁금했어요.

'그런데 왜 카롤린느 언니는 성당에서 결혼식을 하는 걸까? 그렇게 하면 두 사람 사이의 사랑이 뭔가 달라지나? 아니야, 아마 성당이 훨씬 예뻐서 그럴 거야. 꽃도 있고 음악도 좋고 게다가 파이프 오르간도 있잖아? 그리고 신부님도 계시니까 엄숙하고 왠지 더 멋있잖아? 성당에서 한다고 더 행복해지는 것은 아니겠지만 어쨌든.'

나는 궁금해서 카롤린느 언니에게 물어봤어요. 그랬더니 이젠 좀 더 잘 이해가 돼요. 교회에서 결혼하기로 결정한 것은 두 사람의 만남을 하느님께 감사드리고 싶어서였대요. 그리고 한 남자와 한 여자가 만나 사랑하는 것은 엄청난 모험이니까, 폭풍우를 만나도 끄떡없는 배처럼 두 사람의 사랑도 튼튼하게 잘 유지되도록 도와 달라고 부탁하고 싶었대요. 그리고 두 사람은 다른 모든 신자들처럼 하느님과 인류 사이는 마치 결혼 관계와 같다는 것을 잘 안대요. 하느님께서는 우리에게 아무 대가 없는 사랑, 참을성 있고 한결같이 충실한 사랑, 끊임없이 새로운 사랑, 생명을 낳는 사랑으로 우리를 사랑해 주시니까요.

성당에서 결혼식을 올리면서 하느님과 가족과 친구들 앞에서 서로에게 사랑을 약속하고, 앞으로 두 사람의 아이와 함께 그런 사랑으로 계속 살고 싶다는 것을 모두에게 알리고 싶대요.

누군가를 사랑하게 되면 왜 그 사람을 위해서 뭐든지 하고 싶어지는 거예요?

제일 친한 친구가 아파서 방학 내내 병원에 있게 되자 피에르는 망설이지 않고 방학 동안 아무 데도 놀러 가지 않고 그 친구 곁에 있겠다고 부모님께 말씀드렸어요. 아무도 피에르에게 그렇게 하라고 강요한 사람도 없었는데 말이에요. 어떤 신비스러운 힘에 이끌려서 피에르는 친구를 혼자 있게 내버려두고 싶지 않아서 뭐든지 하고 싶어진 거예요.

아주 난폭하고 성질 고약해 보이는 사람조차도 사랑에 빠지면 자기가 사랑하는 사람을 위해 뭐든지 희생하려고 하는 것을 가끔 볼 수 있어요. 때때로 우리가 전혀 몰랐던 사랑의 힘이 우리 안에서 솟아나기도 하지요. 그러면 우리는 더 행복해지고 더 열심히 살고 싶다는 생각에 강하게 사로잡히게 되고, 자신의 욕심이나 문젯거리들은 잊어버리게 되지요. 피에르가 친구 곁에 있겠다고 마음먹은 것도 아마 그런 느낌 때문이었을 거예요.

놀라운 일이지요. 하지만 우리는 우리 자신의 것을 내줌으로써 더 생생하게 살아 있다는 느낌, 우리 마음이 사랑으로 활짝 피어나는 느낌을 갖게 되는 것 같아요. 바로 그런 순간에 우리는 예수님께서 우리를 어떤 식으로 사랑하셨는지를 더 잘 이해할 수 있게 돼요.

우리 인간에 대한 예수님의 사랑은 너무나 크고 깊어서 우리에게 모든 것을, 당신 목숨 전부를 다 주기로 하셨거든요. 그리고 예수님께서 죽음을 이기시고 부활하셔서 아버지 하느님께로 돌아가시면서 예수님께서는 여전히 우리를 위해 모든 것을 바치는 친구로 우리 곁에 영원히 계신다고 말씀하셨어요.

나중에 이혼할 거라면 도대체 결혼은 왜 하는 거죠?

사고를 당하기 위해서 여행을 떠나는 사람은 아무도 없답니다! 마찬가지로 이혼하려고 결혼하는 사람도 없지요! 남자와 여자는 서로 아주 사랑해서 결혼을 하지요. 부부가 되어 아이를 낳고 행복해지기 위해 결혼을 하는 거예요. 그리고 평생 동안 그렇게 살기 위해 모든 것을 하겠다고 결심을 하지요.

하지만 가끔 이혼하는 사람들도 있어요. 왜일까요? 그건 그 사람들만의 비밀이에요. 어쨌든 그건 아이들 잘못이 아니에요. 아이들은 어떻게 할 수가 없어요. 하지만 이혼은 모든 사람들을 고통스럽게 하지요.

인생은 이상한 모험이에요! 우리는 용감한 동시에 비겁하고 너그러운 동시에 이기적이에요. 우리들 모두, 누구나 자기 생각과는 달리 일을 엉망으로 망쳐 버릴 수도 있어요. 그런 우리를 구원하는 것은 하느님께서 우리를 있는 그대로 받아들이신다는 사실이에요. 하느님께서는 우리를 벌하지 않으시거든요. 언제든지 우리를 용서하실 준비가 되어 있으시지요. 하느님께서는 이혼한 사람들도 사랑하신답니다. 하느님과 함께라면 미래는 결코 캄캄하지 않답니다.

언젠가, 여러분도 아마 결혼을 하겠지요. 난 여러분이 행복한 결혼 생활을 하기 바라요. 물론 인생이 언제나 장밋빛인 것은 아니에요. 결혼을 하면 멋지고 행복한 날들도 있을 것이고, 또 서로 마음 아프게 하고 다투면서 이제 더 이상 사랑하지 않는다고 느껴질 때도 올 거예요.

하지만, 두려워하지 마세요. 그런 날들이 온다 해도 우리는 서로 사랑할 수 있으니까요. 그때는 또 다른 방식으로 서로 사랑할 수 있게 되는 법이랍니다. 어쨌든 여러분도 결국 알게 될 거예요. 결혼이 얼마나 멋진 일인지 말이에요!

🌀 아버지는 우리를 버리고 떠나셨어요. 그래도 우리는 계속 서로 사랑할 수 있을까요?

지금 열 시가 넘었을 거예요. 내 방은 아주 깜깜해요. 아빠, 난 아빠 생각을 하고 있어요. 아빠가 나랑 같이 우리 집에서 살던 때를 아빠도 기억하세요? 아빠가 내 방에 와서 잘 자라는 인사를 해 주신 후에야 난 잠이 들곤 했지요. 그런데 이제는 혼자 자야 해요. 그래서 잠이 잘 안 와요. 잠들려면 오래 걸려요. 어떨 때는 진짜 오랫동안 잠이 안 와요.

아빠가 떠난 건 제 탓이 아니죠? 처음엔 아빠랑 옛날처럼 지낼 수 없을까 봐 두려웠어요. 다행히 매달 첫 번째 주말마다 아빠 집에서 지낼 수 있고, 그걸 아빠도 좋아하시는 걸 보고 안심이 됐어요. 나도 아빠가 보고 싶어. 아빠도 그렇죠? 아빠랑 함께 지내는 주말이 난 참 좋아요.

주중에는 엄마랑 친구들이랑 지내요. 어떻게 보면 전과 비슷해요. 하지만 엄마랑, 아빠랑, 나, 이렇게 우리 셋은 이제 한가족은 아니지요. 어떻게 보면 두 가족인 셈인 것 같아요. 모든 것이 전과 똑같진 않다는 걸 난 잘 알아요. 하지만 나와 엄마, 나와 아빠 우리는 서로 여전히 아주 사랑한다는 걸 알아요. 그러니까 그렇게 나쁘지만은 않다고 생각해요.

부모님께 반항하는 것은 심각한 죄인가요?

따뜻한 봄날에 연못 주위를 산책하다 보면 엄마 오리랑 아기 오리들을 볼 수 있지요. 그런데 아기 오리들이 나는 법을 배우는 길은 딱 한 가지뿐이에요. 엄마 오리가 어떻게 날개를 펼치는지 어떻게 바람의 움직임을 느끼는지 지켜보면서 엄마 오리가 하는 대로 따라 하는 거예요. 그렇게 아기 오리들은 엄마 오리를 따라서 처음으로 날갯짓을 하며 하늘로 날아오르지요.

그런데 가끔 엄마를 안 따라가고 거꾸로 가려고 하는 말썽꾸러기 아기 오리가 있어요. 그런 아기 오리는 날개를 파닥이다가 결국은 날아오르지 못하고 물속으로 곤두박질 치고 말지요. 엄마를 따라 했더라면 한 번에 날아오를 수 있었을 텐데 말이에요. 왜냐하면 엄마 오리는 이미 오래전부터 날아 왔기 때문에 경험이 많아서 어떻게 해야 하는지를 잘 알거든요. 그런데 그 아기 오리는 어른 오리들처럼 혼자서도 잘할 수 있다고 생각했던 거예요. 하지만 그건 위험한 일이었고 결국 아기 오리는 나는 데 실패했어요.

어렸을 때는 어른 대우를 받고 싶어 하는 법이에요. 자기는 어른이라고 생각하는데 부모님은 그걸 이해 못 한다고 느끼지요. 아이들은 자기에게 뭐가 제일 좋은 것인지를 잘 안다고 생각해서 부모님에게 반항을 하지요. 하지만 아이들은 자신이 아직 경험이 많지 않다는 것을 잊어버려요. 거의 대부분의 경우에 부모님들이 옳아요. 아무 이유 없이 못 하게 하는 것은 아니에요. 부모님들은 아이들을 사랑하니까 아이들이 나쁜 길로 빠지거나 잘못되지 않도록 이끌어 주려고 하지요. 그런데 그런 부모님께 반항을 한다는 것은 좀 위험해요.

좋고 나쁜 것을 배우는 데는 시간이 필요한 법이에요. 부모님들은 아이보다 더 오래 살아서 많은 것을 이해하게 됐거든요. 물론 부모님들이 항상 완벽하신 것은 아니지만 최선을 다하시지요.

부모님 말씀을 안 듣고 반항하는 것이 어떤 경우에는 아주 심각한 문제를 일으키기도 해요. 예를 들어 아직 어린데 큰형의 오토바이를 몰다가는 끔찍한 일이 생길 수 있지요. 하지만 잔다고 약속해 놓고는 몰래 만화를 보는 것은 분명히 그렇게 심각한 일이 아니에요. 부모님의 믿음을 저버린 건 같지만요. 그래서 때때로 그런 경험을 통해 깨닫고 잘못을 되풀이하지 않게 되지요.

고해성사 때 신부님께 무엇을 말해야 하지요?

진심으로 사랑하는 사람들은 뭐든지 용서하는 것처럼 하느님도 언제나 우리를 용서해 주실 준비가 되어 있으세요. 성경에서 우리는 예수님께서 "네 죄가 용서받았다"라고 말씀하신 것을 볼 수 있어요.

오늘날에도 그래요. 예수님께서는 하느님께서 우리를 용서하신다는 것을 우리가 확신할 수 있게 해 주시기 위해서 우리에게 일곱 가지 성사 중에 하나인 '고해성사'를 가르쳐 주셨어요. 다른 미사들과 마찬가지로 고해성사도 신부님께서 집전해 주세요. 우리가 신부님께 죄를 고백하면 신부님께서는 하느님의 이름으로 우리 죄를 용서해 주세요. 예수님의 첫 번째 제자들처럼 신부님은 예수님을 대신하시는 분이니까요.

그러니까 고해성사를 통해 하느님의 용서를 구하는 모든 사람들은 신부님을 찾아가서 털어놓으면 되는 거예요. 이렇게 하느님께 죄를 고백하는 것을 바로 '고해성사'라고 불러요. 그런데 고해성사를 할 때 "저는 거짓말을 잘해요"라든가 "저는 게을러요" 같이 자신의 단점을 이야기할 필요는 없어요. 자기 생활의 모든 것을 일일이 다 털어놓을 필요도 없고요.

하느님께서 우리에게 원하시는 대로 행동하지 않았던 순간들, 하느님께서 우리에게 맺어 주신 계약을 깨뜨린 순간들에 대해 이야기하면 돼요. 간단해요. 하느님, 그리고 다른 사람들과의 관계에서 하느님의 자녀로서 잘 행동했나를 생각해 보면 돼요.

왜 어른들은 함부로 행동하면서 우리한테는 그러면 안 된다는 거죠?

피에르는 아홉 살이에요. 피에르는 친구들하고 게임을 할 때 살짝 속임수를 쓰기도 하고 신호를 안 지키기도 하고 동생하고 싸우기도 하고 껌 종이를 그냥 길바닥에 버리기도 해요.

폴 아저씨는 서른일곱 살이에요. 폴 아저씨는 버스 탈 때 차비를 내지 않기도 하고 빨간 불에 막 길을 건너기도 하고 사람들하고 말다툼을 하기도 하고 담배꽁초를 아무 데나 버리기도 해요.

그런데 한 사람은 야단을 맞지만 다른 사람은 야단을 맞지 않아요. 둘 중에 야단맞는 사람은 누구일까요? 그래요. 피에르예요. 피에르는 아직 어린아이이기 때문이에요.

물론 아이만 야단을 맞는다는 것은 공정하지 않아요. 하지만 피에르가 야단을 맞는 것은 피에르는 앞으로 성장할 시간이 필요한 어린아이이기 때문이에요. 피에르는 무엇이 좋은 일이고 어떻게 하는 것이 잘하는 것인지, 무엇이 나쁜 일이고 어떻게 하는 것이 잘못하는 것인지를 배워 나가야 해요. 이렇게 아이들은 자라면서 배워 나가고 스스로 책임질 줄 아는 어른이 되는 거예요.

하지만 어른이 완벽하게 행동한다는 뜻은 아니에요. 어른들도 실수도 하고 잘못도 저질러요. 어른들도 함부로 행동하고 바보 같은 짓도 해요. 어떨 때는 터무니없이 어리석은 짓도 하고 나쁜 짓도 해요. 다행히 어른들도 큰 실수나 잘못을 하면 벌금을 낸다든지 하는 처벌을 받아요. 어떤 어른들은 마음속에서 들려오는 "조심해. 어리석은 짓 하지 마." 하는 소리에 귀를 기울일 필요가 있어요. 그러면 골치 아픈 일들을 일으키지 않을 수 있을 것이고 그럼 아이들에게도 훨씬 좋을 테니까요.

우리는 자기가 태어난 나라를 사랑해야만 하나요?

프랑스에서는 아기가 태어나면 나무를 한 그루 심는 아름다운 풍습이 있어요. 아기가 그 가정에, 그 나라에 태어났다는 것을 알리고, '나라'가 그 아기를 받아들이고 환영한다는 것을 보여 주는 방법이지요. 이때 '나라'라는 말에는 땅과 기후와 향기와 팔을 벌려 아기를 반기는 사람들 모두가 들어 있지요.

나무가 자라려면 뿌리를 내려야 하는 것처럼 우리도 한 나라에 자리를 잡아 자라게 되지요. 나무처럼 잘 성장하기 위해서는 좋은 땅과 비료가 필요해요. 우리는 옷 입는 방식, 먹는 방식, 그리고 언어와 때로는 종교까지 앞 세대로부터 물려받아요. 이런 모든 것들이 우리가 성장하는 것을 도와주지요. 그러니까 자기가 태어난 곳, 자기 나라를 사랑하는 것은 우리가 받은 것들과 우리를 가르쳐 준 사람들에게 감사하는 방법이에요. 바르고 훌륭하게, 다른 사람들과 더불어 살아감으로써 우리가 사는 곳, 우리나라가 살아 있게 할 수 있지요. 물을 주고 잘 가꾸어야 아름다운 정원이 유지될 수 있듯이 말이에요.

부모님이 태어난 곳과 다른 나라에서 태어났거나, 태어난 나라와 자란 나라가 다를 때는 보통 두 나라 모두를 좋아하게 돼요. 하지만 이때는 두 군데 다 물을 줘야 하니까 물이 더 필요하겠죠. 그런데 이상하게도 두 나라를 다 사랑하는 것은 더 삶을 풍요롭게 해 준답니다.

가난한 나라를 돕기 위해 뭘 할 수 있을까요?

대부분의 가족들이 굶어 죽지 않을 정도로 겨우겨우 먹고살고 잘 못 먹어서 아이들이 정상적으로 자라지 못하는 가난한 나라들이 이 세상에는 많아요.

부자 나라에도 가난한 사람들은 있어요. 나라를 다스리는 사람들은 가난을 몰아내기 위해 많은 노력을 하지만 그것만으로는 불충분해요. 그래서 점점 사람들은 뭔가를 해야겠다고 생각하게 되지요. 어떤 사람들은 어려운 사람들에게 도움을 주는 단체에 돈을 내거나 시간을 바쳐 봉사를 하기도 해요. 또 어떤 사람들은 가난의 원인을 찾아 해결하려고 노력하기도 하고 나라를 다스리는 사람들에게 여러 아이디어를 내기도 해요.

그런데 여러분은 뭘 할 수 있을까요? 무엇보다도 가난에 대한 관심과 분노를 간직하세요. 이 세상에 가난이 존재한다는 것은 속상하고 수치스러운 일이지만 불행하게도 가난은 앞으로도 오랫동안 계속 이 세상에 존재할 거예요.

여러분이 지금 학교에서 배우는 모든 것들이 새로운 해결책을 찾는 데 도움이 될 수도 있고, 또는 가난과 맞서 싸우는 데 도움이 되는 직업을 찾는 데 도움이 될 수도 있어요. 그리고 여러분은 학교 친구나 성당 친구들과 함께 실제적으로 도움이 되는 일에 참여할 수도 있을 거예요. 돈이 없어서 책을 못 사는 아이들을 위해 여러분이 좋아하는 책을 줄 수도 있고 뭔가를 만들거나, 바자회 같은 것으로 돈을 모아 가난한 나라에 학교를 짓는 것을 도와줄 수도 있을 거예요. 이런 것들은 참 중요한 행동들이에요. 바로 여러분 자신이 세상을 바꾸기 위해 스스로 뭔가를 시작하는 것이니까요.

어떻게 하면 '성인'이 될 수 있죠?

예수님께서 이렇게 말씀하셨어요. "누구든지 내 말을 듣고 실행하는 사람은 모두 자기 집을 반석 위에 지은 슬기로운 사람과 같을 것이다."

그리고 또 예수님께서는 "하늘에 계신 너희 아버지께서 완전하신 것처럼 너희도 완전하게 되어야 한다. 네가 완전한 사람이 되려거든 가서 네가 가진 것을 모두 팔아 가난한 사람에게 주어라. 그리고 나서 나를 따라라"라고 말씀하셨어요.

이 모든 것은 성인이 되는 길을 가르쳐 주는 말씀들이지요. 하지만 예수님의 말씀을 실천하는 것은 어려운 일이에요. 무엇보다도 사랑하는 법을 배워야 해요. 그런데 그것은 그렇게 빨리 되는 일이 아니에요. 끊임없이 다시 시작하고 자신을 내주고 베풀어야만 하니까요. 예수님께서는 이렇게 말씀하셨어요. "너희는 내가 굶주렸을 때에 먹을 것을 주었고, 내가 목말랐을 때에 마실 것을 주었으며, 내가 나그네였을 때에 따뜻이 맞아들였다. 또 내가 헐벗었을 때에 입을 것을 주었고, 내가 병들었을 때에 돌보아 주었으며, 내가 감옥에 있을 때에 찾아 주었다."(마태 25,35-36) 이렇게 행동하는 것은 아주 보잘것없고 간단해 보이는 일이에요. 하지만 실제로 실천하기는 얼마나 어려운지요!

그러니까 자기 자신을 전적으로 하느님께 맡기고, 끊임없이 모든 것을 나누어 주고, 끊임없이 용서하고, 끊임없이 사랑하는 사람은 다 '거룩한 사람', 즉 '성인'이에요. 그러니까 늘 하느님과 함께 사는 삶을 선택한 사람이 바로 성인이지요. 그렇게 사는 사람들 중에서, 마더 데레사라든가 성 프란치스코라든가 잔 다르크처럼 모든 이에게 모범이 되는 사람들은 공식적으로 '성인'이라고 인정을 받게 되는 것이랍니다.

우리가 늙은 후에도 서로 사랑할 수 있을까요?

할아버지 할머니의 결혼 50주년 기념일을 축하드리기 위해서 모든 친척들이 모였는데 사촌 하나가 할아버지, 할머니께 이 편지를 읽어 드렸어요.

사랑하는 할아버지, 할머니께.

할아버지, 할머니께서 결혼하신 지 50년이나 되었답니다. 50년! 정말 굉장해요. 50년 동안 할아버지는 할아버지 자신보다 할머니를 먼저 생각하시고 50년 동안 할머니는 할머니 자신보다 할아버지를 먼저 생각하시면서 사셨지요. 할머니는 언제나 따뜻한 햇볕과 여름을 간절히 기다리셨지요. 할아버지는 하얀 눈과 겨울을 훨씬 더 좋아하셨고요. 하지만 할머니는 할아버지가 시원한 바람 한 줄기처럼 할머니 인생을 상쾌하게 만들어 준다고 말씀하시곤 했지요. 그리고 할아버지는 할머니야말로 할아버지 인생을 밝게 비춰 주는 한 줄기 햇살이라고 말씀하시곤 했죠.

인생에 폭풍우도 불고 천둥 번개도 쳤을 텐데 그렇게 오랫동안 어떻게 그렇게 함께 계속 사랑하며 살 수가 있으신가요? "둘이 함께 있으면 고약한 날씨를 견뎌 내기가 더 쉽다"고 두 분은 자주 말씀하셨는데 정말 그런가요?

두 분의 위대한 비밀은 사실 이제 비밀이 아니에요. 모든 사람들이 다 아니까요. 두 분이 서로 너무나 사랑하신다는 것을 말이에요. 두 분의 사랑은 계속 커졌지요. 두 분이 사랑을 키워 오셨으니까요. 사랑이란 바람결에 흔들리도록 내버려두는 게 아니라 '바람'이고 '의지'인가 봐요. 둘이 함께하고 싶다는 바람, 함께하겠다는 의지 말이에요. 그리고 또 때때로 사랑은 바람이 순풍이 되도록 노력하는 것이겠지요. 두 분께서는 늘 하느님께 의지하면서 이런 사랑의 모험을 해 오셨지요. 그러면서 하느님의 사랑이 뭔지를 조금씩 이해하게 되셨고요. 두 분의 사랑은 하느님의 사랑의 모습에 따라 이루어진 것 같아요.

앞으로도 계속 두 분의 앞날에 찬란한 햇빛이 가득하기를 바라요. 그리고 가끔 천둥 번개도 있기를 바라요. 왜냐하면 두 분께서는 고난도 사랑하신다는 걸 잘 아니까요!

사랑스러운 아들, 딸과 손자, 손녀, 그리고 증손녀 딸 올림.

내 인생은 아름다울까요?

난 잠수부가 될까요?
아니면 간호사가 될까요?
난 아프리카에서 살게 될까요?
아니면 카르카손에서 살게 될까요?
난 7명의 아이들을 기르게 될까요?
아니면 23마리의 오리를 기르게 될까요?
난 달나라에 가게 될까요?
아니면 빙산에 가게 될까요?
난 덴마크 말을 하게 될까요?
아니면 일본 말을 하게 될까요?
난 2인용 자전거를 가지게 될까요?
아니면 경주용 차 F1을 가지게 될까요?
난 뭘 하게 될까요?
어디에 있게 될까요?
언제가 될까요?
난 아무것도 모르겠어요.
나에 대해서, 내 인생에 대해서,
앞으로 어떻게 될지 아무것도 알 수가 없어요.
바로 그 점이 좋아요!
모든 일이 일어날 수 있으니까요.
난 나의 시간이 있고, 나의 인생이 있어요.
물론 아무것도 없이 떠나지는 않을 거예요.
인생이라는 이 위대한 여행을 떠나기 위해
난 이미 배낭에 짐을 싸 놨어요.
내가 이미 가지고 있는 것들과 함께 말이에요.

내 재능, 내 머리, 내 취향, 내 바람, 내 꿈.
그리고 난 혼자가 아니에요.
나를 사랑하고 나를 도와주시는 부모님이 계시고
형제, 자매 그리고 친구들이 있어요.
그리고 아직은 모르지만
10초 후에 혹은 10년 후에
언젠가 곧 알게 될 모든 사람들도 있어요.
아니면 아주아주 더 나중에
내 인생에 들어오게 될 사람들도 있겠죠.
그리고 나의 하느님, 나의 아버지, 당신이 계시죠.
나를 사랑하시고 나를 도와주시는 하느님께서 계시죠.
하느님께서는 나에게 큰 꿈을 가지고 계세요.
하느님께서는 내가 행복하길 바라시지요.
하느님께서는 내가 사랑하고 사랑받기를 바라세요.
내가 다른 사람 말에 귀 기울이고 다른 사람이 내 말에 귀 기울이기를 바라세요.
내가 다른 사람에게 베풀고 다른 사람이 내게 베풀어 주기를 바라세요.
내가 자유롭고 강하기를 바라세요.
내가 웃고 소리 지르고
꿈꾸고 창조하기를 바라세요.
내가 햇빛 아래서 살기를 바라시고
내가 달빛 아래서 살기를 바라세요.
하느님께서는 내가 내 인생을 성공적으로 살기를 바라세요.
난 인생이 때로 힘들다는 것을 알아요.
뜻밖에 나쁜 소식도 있고 좋은 소식도 있다는 것을 알아요.
하지만 정말로 내 인생을 성공적으로 살아 내고 싶어요.
자신감을 가지고 싶어요.
내 인생이 내가 만드는 모습대로 되어 갔으면 좋겠어요.
그리고 인생이 아름다웠으면 좋겠어요.

부록: 남은 이야기들

책 중의 책, 성경

성경은 성스러운 책이에요

성경은 세상에서 제일 유명한 책이에요. 왜 그럴까요? 성경은 단 한 분이신 유일한 하느님에 대해 말하고 있어요. 성경은 우리를 발견에서 발견으로 이끌지요. 하느님을 경험한 사람들이 성경을 썼어요. 그들은 우리 같은 평범한 사람들이지만 하느님께서 이끄시는 대로 성경을 썼지요. 그들은 이스라엘 민족, 즉 유대 민족이었어요. 그러니까 성경은 일단 유대 민족들의 거룩한 책이라고 할 수 있어요. 그래서 우리는 그 부분을 '구약' 또는 '첫 번째 계약'이라고 불러요. 하지만 예수님께서 오신 후에 두 번째 부분이 덧붙여졌는데 그 부분을 '신약'이라고 불러요. 그리스도인들에게는 신약과 구약 두 부분 모두가 성스러운 책이고, 이 두 부분을 모두 합해서 '성경'이라고 불러요.

삶과 죽음에 대한 이야기

성경은 하느님과 인간 사이에 맺은 '계약'에 대한 이야기예요. 성경에서 하느님은 인간에게 당신의 우정을 베풀어 주시고, 우리 인간은 때에 따라 충실하기도 하고 아니기도 한 모습을 보여 주지요.

구약과 신약

구약은 하느님이 어떻게 인간의 역사 속에서 인간과 관계를 맺기 시작하셨나를 보여 주고 있어요. 그것을 '첫 번째 계약'이라고 부르지요. 신약은 예수님께서 어떻게 이 계약을 모든 사람들을 위해 행하셨나를 보여 주고 있어요. '새로운 계약'이지요. 신약은 모든 그리스도인들에게 구약을 더 잘 이해할 수 있게 해 주지요.

성경은 한 권의 책인가요?

사실 성경은 한 권의 책이 아니라 여러 권의 책을 하나로 묶은 전집 같은 것이에요. 구약에는 46권의 책이 들어 있고 신약에는 27권의 책이 들어 있어요. 신약에는 4권의 복음서와 사도행전, 그리고 제자들이 쓴 편지 모음 21권, 그리고 묵시록이

들어 있어요. 그리고 이 책들은 이야기나 시나 기도 등, 여러 가지 방식으로 하느님에 대해 이야기하고 있어요.

성경은 어느 나라 말로 쓰여졌나요?

성경은 예수님께서 태어나시기 900년 전에서 예수님께서 돌아가신 후 100년 사이에 쓰여졌어요. 구약은 처음에 히브리 말로 쓰여졌다가 나중에 그리스 말로 번역되었고 신약은 처음부터 그리스 말로 쓰여졌어요. 그런데 글로 쓰여지기 전에 오랫동안 입에서 입으로 전해져 내려왔어요. 아버지에서 아들에게로, 마음에서 마음으로.

성경을 읽으려면?

성경 속에서 어떤 구절을 찾으려면 어떻게 하지요? 그렇게 어렵지 않아요. 각 책들은 제목이 표시돼 있어요. 예를 들어 마태오 복음은 '마태'라고 쓰여 있어요. 그리고 각 구절들은 몇 장 몇 절이라고 표시되어 있어요.

성경에는 틀린 글자가 거의 없어요

성경은 수백 년 동안 사람 손으로 베껴져 왔어요. 처음에는 유대인 율법학자들이 그리고 중세에는 수도승들이 파피루스와 양피지에 성경을 베꼈는데 워낙 조심스럽게 써서 틀린 글자가 거의 없어요. 그리고 후에 인쇄술을 발명한 구텐베르크가 최초로 인쇄한 책이 바로 성경이었어요.

성경은 우리 영혼의 양식이에요

우리에게 하시는 하느님의 말씀을 오늘날 우리는 성경을 통해 이해할 수 있어요. 예를 들어 미사에서 신자들이 함께 모여 성경을 읽으면 성경 말씀은 우리 영혼에 양식이 되지요. 또 우리는 다른 사람들이 성경을 읽는 방식을 통해 더 풍부하게 성경 말씀을 이해할 수 있게 돼요. 또 우리는 혼자서 읽고 또 읽으면서 성경을 맛볼 수도 있어요.

성경은 기록을 세웠어요!

매년 전 세계에서 2,000만 권의 성경이 팔린대요. 성경은 337개의 언어로 번역되어 있고 신약만은 2,000개의 언어로 번역되어 있답니다.

예수 그리스도의 생애 중 위대한 순간들

옛날에, 지금으로부터 약 2,000년 전에 예수님께서 예루살렘에 들어오셨어요. 그때 군중은 예수님을 왕이라 부르면서 기뻐하며 환호했지요. 그런데 얼마 후 바로 그 군중이 예수님을 사형에 처하라고 소리를 질러 댔어요. 그런데 도대체 예수님은 누구실까요?

사람의 아들

예수님께서는 마구간에서 아주 소박하게 태어나셨어요. 예수님의 어머니 마리아님은 나자렛의 가난한 처녀였는데 하느님의 뜻을 받아들여 하느님의 아들을 잉태하셨어요. 그래서 아홉 달 후에 아기 예수님을 낳으셨지요. 그렇게 예수님께서는 사람의 아들로 태어나신 거예요.

길에서!

예수님께서는 12명의 남자들을 제자로 부르셨어요. 그래서 안드레아와 시몬 그리고 다른 사람들은 모든 것을 버리고 예수님을 따라나섰어요. 예수님께서는 그들과 함께 떠나 사람들에게 말씀을 전하셨어요. 예수님께서는 불행한 사람들, 아픈 사람들, 도둑, 그리고 이방인들, 많은 사람들을 만나시면서 많은 기적을 행하셨어요.

강가에서의 만남

서른 살 무렵, 어느 날 예수님께서는 세례자 요한을 찾아가셨어요. 세례자 요한은 요르단 강가에서 사람들에게 물로 세례를 주고 있었어요. 그때까지 아직 아무도 예수님을 못 알아봤는데 예수님께서는 요한에게 세례를 달라고 하셨어요. 예수님께서 요한에게 세례를 받으실 때 하늘에서 "이는 내 사랑하는 아들이다"라는 하느님의 소리가 들려왔어요.

행복하여라

예수님께서 말씀하실 때 사람들은 당황했어요. 예수님의 말씀을 올바로 알아듣기가 쉽지 않았거든요. 하지만 예수님께서는 모든 사람들에게 행복의 열쇠를 주셨어요. '사랑하라'는 메시지를 주셨거든요. 예수님께서는 가장 불행한 사람들에게까지도 하느님의 행복을 약속해 주셨어요.

원수들

사람들은 예수님에 대해 제멋대로 수군거리기 시작했어요. 로마의 관리들은 예수님께서 반란을 일으키실까 봐 두려워했고 유대인 지도자들은 저 자가 무슨 권리로 저렇게 하느님을 들먹이고 다니지? 하면서 화를 냈어요. 예수님께서는 사람들에게 왕으로 칭송받으시면서 예루살렘에 들어오셨지만 이제 사람들은 예수님의 원수가 되어서 예수님을 죽이려고 해요.

최후의 만찬

과월절 축제 전날, 예수님께서는 "이것은 너희를 위하여 내줄 내 몸이다"라고 말씀하시면서 제자들에게 빵을 떼어 나누어 주셨어요. 그리고 포도주 잔을 드시고는 "이는 너희를 위하여 흘릴 내 피다. 너희는 나를 기억하여 이를 행하여라"라고 말씀하셨어요. 이렇게 말씀하심으로써 예수님께서는 곧 다가올 당신의 죽음을 제자들에게 알려 주신 거예요.

십자가 위에서

열두 제자 중 한 명인 유다가 예수님을 배반해서, 다음 날 예수님께서는 체포되어 로마인들에게 재판을 받고 결국 십자가에 못 박혀 돌아가셨어요.

예수님께서는 살아 계세요!

예수님께서 돌아가신 지 사흘째 되는 날에 여인들이 예수님 무덤에 찾아갔어요. 하지만 무덤은 비어 있었어요! 하느님의 천사가 그들에게 놀라운 소식을 알려 주었어요. 하느님께서 예수님을 죽음에서 들어 올리셔서 예수님께서는 영원히 살아 계신다는 사실을 말이에요! 그리고 나서 예수님께서는 부활하신 모습으로 제자들에게 여러 번 나타나셨어요. 예수님께서는 제자들 곁에 늘 머무시겠다고 약속하셨어요. 하지만 신비스러운 방식으로 머무실 것이라고 말씀하셨어요. 예수님께서는 그들에게 성령을 보내주시고 하느님 곁으로 돌아가셨어요. 그래서 예수님께서는 아버지 하느님의 영원한 생명 속으로 들어가신 거예요.

기도를 하고 싶으면

기도는 왜 하나요? 기도가 무슨 소용이 있죠?

많은 사람들이 수도원에서 또는 집에서 또는 마음속으로 많은 시간 동안 기도를 하지요. 그런데 그게 소용이 있느냐고요? 네, 소용이 있답니다. 그건 마치 친구와 시간을 보내는 것과 같은 거예요. 여러분은 친구에게 날마다 있었던 일들을 미주알고주알 다 이야기하고 싶지요? 친구는 여러분 이야기를 하나도 놓치지 않고 들을 것이고 여러분은 친구하고 더 친해지겠지요. 기도도 비슷해요. 여러분이 슬프거나 기쁠 때 하느님께 다 털어놓으면 하느님께서는 여러분 말을 귀 기울여 들어 주세요. 기도는 바깥의 시끄러운 소리로부터 피하는 것일 뿐만 아니라 우리 안의 소리, 우리 심장이 뛰는 소리에 귀 기울이는 것이기도 해요. 기도는 바로 하느님께서 우리에게 말씀하시는 것을 듣는 것이에요. 기도가 언제나 잘 되는 것은 아니지만 살아가면서 평생 동안 배우는 것이지요.

누가, 누구에게 하죠?

혼자 하든지 친구하고 같이 하든지 여러 가지 방법으로 하느님께 기도할 수 있어요. 나의 하느님, 아버지, 주님하고 부르면서요. 또 예수님께나 성령님께 기도드릴 수도 있지요.

언제, 어디서든지, 1년 365일 24시간 기도할 수 있어요

언덕에서든지 방에서든지 오두막집에서든지! 하느님께서는 어디서든지 여러분을 만나 주세요. 사촌들과 식사를 하기 전이든지 산책을 하고 돌아와서든지 잠자기 전이든지 미사 때든지! 하느님께서는 언제든지 여러분을 만나 주세요.

머리끝부터 발끝까지 다 사용할 수 있어요

기도할 때, 십자가를 그어서 하느님께서 여러분 전부를 감싸 주신다는 것을 보여 줄 수도 있고, 여러분 마음속에 찾아오시는 하느님 말씀을 잘 듣기 위해 눈을 감을 수도 있어요. 여러분 자신이 작게 느껴져서 무릎을 꿇을 수도 있고 다른 사람들과 함께 기도할 때는 옆 사람 손을 잡고 할 수도 있어요. 책상다리로 앉아서 할 수도 있고 서서 기도할 수도 있어요. 여러분 스스로 기도하기 제일 편하다고 느껴지는 자세를 찾아보세요.

도 좋아요.

수백 년 전에 신자들이 하느님의 영감을 받아 쓴 성경이 있잖아요! 기도를 하기 위해 성경 구절을 읽거나 외우는 것도 좋아요.

친구들이나 언니, 오빠나 누나, 형, 그리고 동생하고 같이 할 수도 있어요. 그러면 여러 사람이 서로의 기도를 나누게 되는 것이죠. 여러 목소리로 기도한다는 것은 정말 멋진 일이에요.

침묵으로도, 또는 춤으로도 할 수 있어요

소리를 내어 말하지 않고 기도할 수도 있어요. 서로 아주 마음이 잘 맞는 친구하고는 굳이 말할 필요가 없는 것처럼 말이에요. 조용하게 기도하고 싶다면 분위기를 잡는 데 도움이 되는 것, 예를 들어 초나 음악이나 아름다운 사진 같은 것을 준비하는 것도 좋아요.

하지만 기도는 반드시 침묵으로 해야만 하는 것은 아니에요. 플루트를 연주하거나 아름다운 구절을 들으면서 그림을 그리거나 다른 사람들과 어떤 이야기를 몸짓으로 표현하거나 하면서 기도를 드릴 수도 있어요. 하느님은 움직임이나 웃음소리로 드리는 기도도 좋아하신답니다.

어떤 말로, 어떻게 하죠?

"감사합니다", "죄송합니다", "왜요?", "제발" 등과 같이 여러분이 날마다 쓰는 말로 기도하면 돼요. 아니면 하느님만을 위해 특별히 여러분이 만든 말로 해도 되고요. 아니면 시나 편지나 노래 같은 것

축일들

전례력(축일 달력)

그리스도인들은 매년 예수님께서 부활하신 것을 기뻐하는 부활절을 가장 큰 축일로 생각하지요. 하지만 다른 축일들도 있어요. 이런 크고 작은 축일들을 통해 그리스도인들은 예수님의 삶과 제자들의 삶을 돌아보며 그 발자취를 따라가려고 노력한답니다.

성탄절, 12월 25일

성탄절은 예수님께서 태어나신 것을 기뻐하는 날이에요. 하느님의 아드님께서 사람이 되시어 우리 가운데 오신 기쁜 날이지요. 그래서 우리는 4주 동안 성탄절을 준비하며 기다려요. 이 4주를 대림절이라고 하지요.

주님 공현 대축일, 1월 첫 번째 주일

'공현'이라는 말은 그리스 말로 '드러내다', '나타나다'라는 뜻이에요. 예수님께서 구세주이심을 세상에 드러내셨다는 뜻이지요. 따라서 이날은 예수님께서 온 세상을 구원하기 위해 오신 주님이심을 보여 주는 날이에요. 이날, 동방박사들이 먼 곳으로부터 아기 예수님께 경배하러 베들레헴까지 찾아온 것을 기념한답니다. 동방박사들은 아기 예수님께서 그들의 구세주라는 것을 알아보았거든요.

부활 대축일(부활절), 3월이나 4월 중의 일요일

부활 대축일은 예수님께서 죽음을 이기시고 부활하신 것을 축하하는 날이에요. 그리고 우리 모두도 예수님처럼 부활하도록 부름받았음을 기뻐하는 날이에요. 부활절은 부활 대축일부터 성령 강림 대축일까지 무려 50일 동안이나 계속된답니다.

그리스도교 신자들은 매주 일요일마다, 즉 '주님의 날'마다 예수님의 부활을 기념하면서 축하해요. 부활절 이전의 40일 동안을 '사순절'이라고 하는데 이 기간 동안은 같이 기도하고 함께 나누면서 부활절을 준비해요. 사순절은 '성주간'에서 끝나요. 성주간에는 예수님께서 돌아가실 때까지의 날들, 즉

마지막 만찬과 재판, 십자가에서 돌아가심을 기억하지요.

주님 승천 대축일, 부활절 40일 후 목요일

이날은 부활하신 모습으로 제자들에게 나타나셨던 예수님께서 하느님의 영광 속으로 다시 돌아가심을 기리는 날이에요.

성령 강림 대축일, 부활절 50일 후 일요일

이날은 원래 오순절로서 유대인들에게는 모세가 하느님께 계명을 받은 것을 기념했던 날인데 그리스도인들에게는 제자들이 예수님께 성령을 받은 것을 기뻐하며 기념하는 날이에요.

성령을 가득히 받고 용기가 생긴 제자들은 부활하신 예수님께서 그리스도이시고 주님이시라는 것을 온 세상에 널리 알리러 다닐 수 있게 됐지요. 그리고 그것이 바로 교회, 즉 '그리스도교 공동체' 의 시작이 되었답니다.

성모 승천 대축일, 8월 15일

이날은 하느님의 어머니이신 마리아님께서 하느님과 함께 영원한 생명으로 들어가시게 된 것을 축하하는 날이에요.

모든 성인 대축일, 11월 1일

이날은 모든 시대의 모든 성인들을 기리는 날이에요. 알려진 성인이든 알려지지 않은 성인이든, 옛날 성인이든 오늘날의 성인이든 하느님과 함께 사셨던 모든 성인들을 생각하는 날이지요. 그분들은 우리에게 행복의 길을 보여 주시고 하느님의 발자취를 따르도록 우리를 도와주시니까요.

위대한 기도들

이 기도들은 아주 오래된 기도들이에요. 이 기도들은 사람들이 부모님으로부터 들어서 외워 온 것들이에요. 부모님은 할아버지, 할머니로부터, 할아버지 할머니는 그 할아버지, 할머니로부터 들어서 전해 내려온 기도들이지요. 이 기도들을 큰 소리로 또는 속으로 읽고 또 읽고, 외우고 또 외워 보세요. 그러면 이 기도들은 바로 여러분 자신의 기도가 될 거예요.

주님의 기도
예수님께서는 제자들에게 이 기도를 가르쳐 주셨어요.

하늘에 계신 우리 아버지,
아버지의 이름이 거룩히 빛나시며
아버지의 나라가 오시며
아버지의 뜻이 하늘에서와 같이 땅에서도
이루어지소서.
오늘 저희에게 일용할 양식을 주시고
저희에게 잘못한 이를 저희가 용서하오니
저희 죄를 용서하시고
저희를 유혹에 빠지지 않게 하시고
악에서 구하소서. 아멘.

성모송
마리아님께 우리를 위하여 기도해 달라고 부탁할 때 하는 기도예요.

은총이 가득하신 마리아님, 기뻐하소서.
주께서 함께 계시니 여인 중에 복되시며
태중의 아들 예수님 또한 복되시나이다.
천주의 성모 마리아님,
이제와 저희 죽을 때에 저희 죄인을 위하여
빌어 주소서. 아멘.

대영광송
보통 미사 때 이 기도문을 노래로 불러요.

하늘 높은 데서는 하느님께 영광,
땅에서는 주님께서 사랑하시는 사람들에게 평화.
주 하느님, 하늘의 임금님,
전능하신 아버지 하느님,
주님을 기리나이다, 찬미하나이다.
주님을 흠숭하나이다, 찬양하나이다.
주님 영광 크시오니 감사하나이다.
외아들 주 예수 그리스도님,
주 하느님, 성부의 아드님, 하느님의 어린 양,
세상의 죄를 없애시는 주님,
저희에게 자비를 베푸소서.
세상의 죄를 없애시는 주님,
저희의 기도를 들어주소서.
성부 오른편에 앉아 계신 주님,
저희에게 자비를 베푸소서.
홀로 거룩하시고 홀로 주님이시며,
홀로 높으신 예수 그리스도님,
성령과 함께 아버지 하느님의 영광 안에 계시나이다.
아멘.

성경의 『시편』에는 신자들이 쓴 150편의 기도가 있어요. 수백 년 동안 많은 사람들이 『시편』의 기도들을 외워 왔어요.

대답해 주소서, 주님
(시편 13장)

주님, 언제까지 마냥 저를 잊고 계시렵니까?
언제까지 당신 얼굴을 제게서 감추시렵니까?
언제까지 슬픔을 제 마음에 품어야 합니까?
살펴보소서. 저에게 대답하소서, 주 저의 하느님.
주님, 저는 당신 자애에 의지하며
제 마음 당신의 구원으로 기뻐 뛰리이다.
제게 은혜를 베푸셨기에 주님께 노래하오리다.

주님을 찬양하여라!
(시편 150장)

할렐루야!
하느님을 찬양하여라, 그분의 성소에서.
주님을 찬양하여라, 그분의 웅대한 창공에서.
주님을 찬양하여라, 그분의 위업으로.
주님을 찬양하여라, 그분의 가없는 위대함으로.
주님을 찬양하여라, 뿔 나팔 불며.
주님을 찬양하여라, 수금과 비파로.
주님을 찬양하여라, 손북과 춤으로.
주님을 찬양하여라, 현악기와 피리로.
주님을 찬양하여라, 낭랑한 자바라로.
주님을 찬양하여라, 우렁찬 자바라로.
숨 쉬는 것 모두 주님을 찬양하여라.
할렐루야!

나의 하느님, 제 죄를 씻어 주소서.
(시편 51장)

하느님, 당신 자애에 따라 저를 불쌍히 여기소서.
당신의 크신 자비에 따라 저의 죄악을 지워 주소서.
저의 죄악을 제가 알고 있으며
저의 잘못이 늘 제 앞에 있습니다.
당신께, 오로지 당신께 잘못을 저지르고
당신 눈에 악한 짓을 제가 하였기에
판결을 내리시더라도 당신께서는 의로우시고
심판을 내리시더라도 당신께서는
결백하시리이다.
당신께서는 가슴 속의 진실을 기뻐하시고
남 모르게 지혜를 제게 가르치십니다.
저를 씻어 주소서.
제가 눈보다 더 희어지리이다.

주님은 나의 목자
(시편 23장)

주님은 나의 목자, 나는 아쉬울 것 없어라.
푸른 풀밭에 나를 쉬게 하시고
잔잔한 물가로 나를 이끄시어
내 영혼에 생기를 돋우어 주시고
바른길로 나를 끌어 주시니
당신의 이름 때문이어라.
제가 비록 어둠의 골짜기를 간다 하여도
재앙을 두려워하지 않으리니
당신께서 저와 함께 계시기 때문입니다.
당신께서는 저의 원수들 앞에서
상을 차려 주십니다.
저의 한평생 모든 날에 호의와 자애만이
저를 따르리니
저는 일생토록 주님의 집에 사오리다.

일곱 가지 성사

예수님께서는 우리가 태어나서 죽을 때까지 그리스도인으로서의 우리 삶의 중요한 순간들을 나타내기 위한 여러 가지 표시와 몸짓과 말들을 우리에게 남겨 주셨어요. 그것이 바로 성사예요. 이제는 그리스도 공동체 안에서 신부님께서 예수님 대신 이 몸짓과 말들을 우리에게 해 주세요. 예수님께서 제자들과 함께 군중을 받아들이고 아이들을 축복해 주고 환자들을 낫게 해 주시고 죄를 용서해 주신 것처럼 말이죠.

세례성사

이 성사는 우리가 첫 번째로 받는 성사예요. 그리스도인의 삶으로 들어가는 문과 같은 것이죠. 몸을 물속에 담그거나 아니면 이마에 물을 부음으로써 세례를 받아 우리는 예수님께서 부활하신 것처럼 완전히 새로워지는 거예요.

하느님의 자녀로서의 진정한 삶이 시작되는 것이죠. 아주 어린 갓난아기에게 세례를 주기도 해요.

우리가 대답하기도 전에 이미 하느님께서 시작하고 계신다는 것을 보여 주기 위해서지요.

견진성사

세례를 받은 후 좀 자란 신자는 견진성사를 받을 수 있어요. 주교님께서 성유를 발라 주시고 손을 얹어 안수를 해 주시면 특별히 성령을 받아 더 믿음이 강해져 복음을 전할 수 있게 되지요.

이때부터는 그리스도교 공동체에서 진정으로 책임을 지는 성숙한 신자가 되는 것이지요.

성체성사

이 성사는 그리스도인들의 삶에서 핵심이 되는 성사예요. 예수님께서 돌아가시고 부활하신 후에 제자들은 다 같이 모여 마지막 만찬 때 예수님께서 내주신 몸과 피를 다시 받아 모시는 예식을 했답니다. 마지막 만찬 때에 예수님께서 하셨던 말씀과 행동을 미사 때마다 신부님께서 그대로 다시 행하시면 우리는 예수님의 몸과 피를 받아 모시면서 실제로 예수님의 삶과 죽음과 부활을 나누는 것이지요.

고해성사

우리가 죄를 끊어 버리고 하느님께로 향하기를 원하면 신부님께서 예수님의 이름으로 우리에게 용서를 주시는 성사입니다.

혼인성사

하느님께서는 모든 사랑의 근원이십니다. 한 남자와 한 여자가 교회에서 결혼을 할 때 그들은 하느님께 의지하며 자신들의 가정을 만들어 나갈 힘을 받아요.

평생 동안 서로에게 충실하기로 약속을 하면서 그들은 하느님께서 우리에게 주시는 사랑의 표시, 하느님의 사랑은 영원하시다는 것을 함께 이루어 나가게 되는 것이죠.

성품성사

착한 목자이신 예수님을 따라 사제가 되어 모든 사람에게 복음을 알리고 교회를 위해 평생을 바치라는 사명을 받은 사람들은 주교님에게 성품성사를 받아요. 주교님께서는 모든 사람의 종이 되려는 사람에게 부제품도 주신답니다.

병자성사

아주 나이가 많거나 많이 아프면 참 힘들지요. 신부님께서는 아픈 사람의 이마와 손에 성유를 발라 주고 같이 기도해 줌으로써 아픈 사람에게 위로를 주십니다.

하느님께서는 가장 약한 사람들을 결코 잊지 않으세요. 하느님의 아드님이신 예수님께서 우리의 고통을 함께 나누어 주시고 승리도 함께 나누신다는 것을 알려 주는 것이지요.